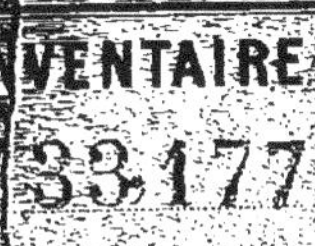

LOUIS BRETONNIÈRE

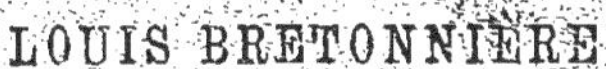

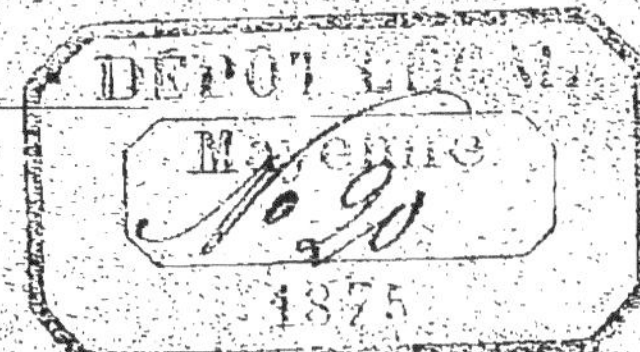

LETTRES A UN AMI

SUR LA

DEUXIÈME EXPOSITION

DE LA

SOCIÉTÉ DES ARTS RÉUNIS DE LAVAL

AUX

GALERIES DE L'INDUSTRIE

Prix : 2 fr 50

LAVAL
IMPRIMERIE CAMILLE BONNIEUX
RUE RENAISE, 46
1875

LOUIS BRETONNIÈRE

LETTRES A UN AMI

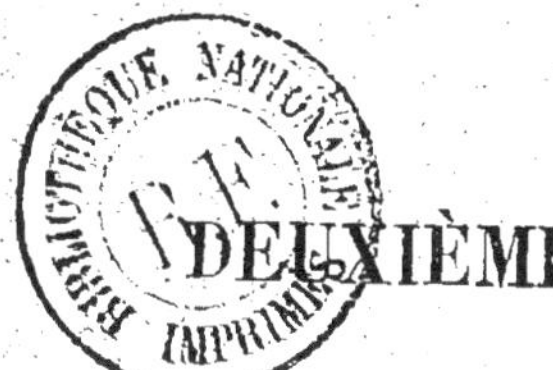

SUR LA

DEUXIÈME EXPOSITION

DE LA

SOCIÉTÉ DES ARTS RÉUNIS DE LAVAL

AUX

GALERIES DE L'INDUSTRIE

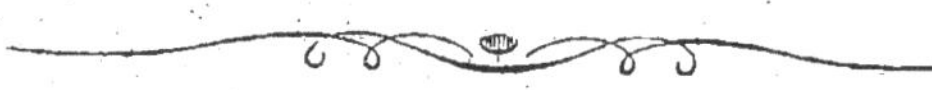

LAVAL
IMPRIMERIE CAMILLE BONNIEUX
RUE RENAISE, 46
1875

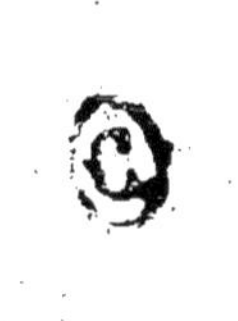

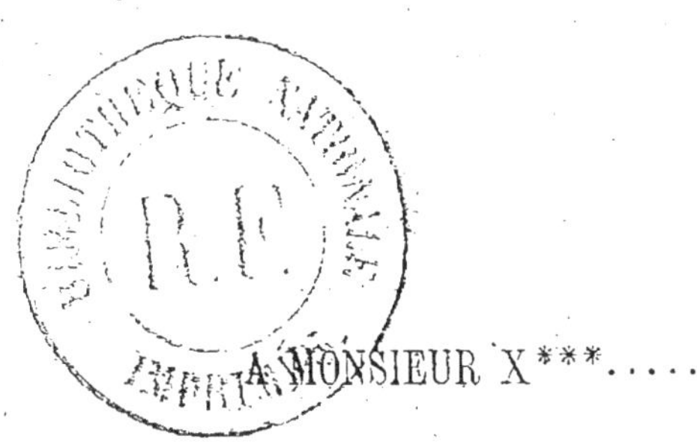

A MONSIEUR X***.....

. . . .

Permettez-moi, Monsieur, de vous offrir la dédicace de ce petit volume que j'ai écrit au jour le jour, en parcourant cette belle Exposition au succès de laquelle nous nous sommes tous fait un devoir de concourir.

La tâche que j'ai entreprise excédait trop visiblement mes forces pour que j'aie même à solliciter votre indulgence en faveur de mon œuvre. Mon but, en écrivant ces lettres, a été de vous prouver d'abord le vif intérêt que je porte à notre Exposition et d'exciter surtout la curiosité publique à son sujet,

Pour cela, j'ai cru devoir laisser de côté le

genre sévère, je dirai presque ennuyeux de la haute critique ; j'ai franchement fait appel à la fantaisie pure et me suis exposé sans remords aux objurgations gourmées des sages.

Si cependant j'ai été sérieux à de certaines heures, c'est que la gravité des questions que je rencontrais sur mon chemin l'exigeait impérieusement, et d'ailleurs, vous le savez, j'ai bien vite repris mon vol à travers champs !....

Comme je cherchais, en auteur soigneux, une épigraphe pour ma brochure, mes yeux sont tombés sur ceci :

Misce stultitiam consiliis brevem;
Dulce est desipere in loco !

Ces vers, Monsieur, contiennent tout mon secret : ils sont du reste de ce vieil Horace qui fut à la fois, et le favori d'Auguste et l'intime ami de Mécène....

Pouvais-je rencontrer mieux ?

Veuillez agréer, Monsieur,
l'assurance de mon respectueux dévouement.

LOUIS BRETONNIÈRE.

Laval, le 10 octobre 1875.

LETTRES A UN AMI

SUR LA DEUXIÈME EXPOSITION

DE LA

SOCIÉTÉ DES ARTS RÉUNIS DE LAVAL

AUX GALERIES DE L'INDUSTRIE

I

Tandis que tu parcours les monts et les plaines et que, tout entier au bonheur d'être libre, tu te plonges avec délices dans le doux farniente des vacances, ami, moi j'ai repris ma place à mon poste laborieux. Après une échappée de quelques jours, me voici derechef en ce cher Laval, que l'on apprécie d'autant mieux que l'on a voyagé davantage, et, selon ma promesse, je me dispose à te raconter tout ce que j'y recueillerai de nouveau.

Apprends d'abord, si tu ne le sais déjà, que c'est dimanche prochain, 5 septembre, que la 2e Exposition de la Société des Arts-Réunis ouvre ses portes au public. La rumeur générale en dit dès à présent merveille, et je suis d'autant plus disposé à me ranger à son avis que, par une faveur spéciale, j'ai été admis à y jeter aujourd'hui un coup d'œil sommaire.

L'ensemble est beau dans la vraie et large acception du mot, et cette lettre n'a d'autre but que de te le dépeindre, pour ainsi dire, à vol d'oiseau. Quant aux détails, j'y arriverai par la suite et prendrai pour te les décrire la plume que m'a léguée, par testament olographe, feu Joseph Pincelard (Dieu ait pitié de son âme!..), dont tu n'as peut-être pas oublié les comptes-rendus humoristiques de l'an passé.

A l'entrée se présentent à droite et à gauche deux panneaux recouverts de riches tapisseries au bas desquelles se trouvent des meubles précieux dont j'aurai l'occasion de te parler plus tard.

Dans la deuxième galerie de droite s'étale somptueusement une splendide collection de tableaux anciens que nous n'aurons sans doute pas la bonne fortune de voir réunie de si tôt. Il y a là une foule de merveilles appartenant à Mme de Robien, MM. de Causans, de la Broise, etc, à l'examen desquelles une plume autorisée devrait bien consacrer quelques articles spéciaux. — Cette sorte d'exposition rétrospective est d'ailleurs disposée avec beaucoup de méthode. Chaque école y est groupée avec art, et l'on peut ainsi embrasser d'un seul coup d'œil les plus beaux spécimens des vieilles écoles française, italienne et allemande.

La galerie de gauche est réservée aux meubles et bahuts de toute espèce, ciselés à vif, sculptés à outrance, prodigalement ornementés. L'archéologue honnête mais passionné, en contemplant ces bijoux, a toutes les peines du monde à réprimer en son sein les idées spoliatrices qu'ils y font naître...—C'est si tentant!... Je te signalerai en passant un ciel-de-lit avec ses lambrequins, appartenant à M. Léon de Chalais, et qui est simplement magnifique. Comme l'an passé, la nef principale et les premières galeries de droite et de gauche ont été réservées à la peinture. Les artistes étrangers ont répondu en grand nombre à l'appel de la Commission et envoyé beaucoup de belles choses. — J'ai vivement regretté l'abstention de certains peintres lavallois, d'abord en raison du mérite intrinsèque des œuvres qu'ils auraient pu exposer, et aussi parce que la désertion de la lutte n'est pas d'un bon exemple... en art comme en autre chose.

La galerie supérieure du fond, occupée habituellement par l'école des beaux-arts, est affectée au concours d'architecture, et à l'exhibition de différents dessins des élèves de nos écoles départementales. J'y reviendrai avec soin, par la suite.

La galerie inférieure contient les pastels, les aquarelles, les photographies et l'orfèvrerie.

Je t'avoue que quand je considère l'étendue de la besogne que m'impose envers toi mon rôle de chroniqueur, j'ai des velléités immenses.

de suivre ton exemple et d'aller me promener! Mais tu sais que — pour mon malheur — je n'ai qu'une parole et que du moment où je t'ai promis de chroniquer, je le ferai, coûte que coûte... — D'ailleurs, en y réfléchissant, la tâche me sera, je pense, singulièrement facilitée par la description de quelques toiles providentielles, devant lesquelles le vers d'Horace vous revient instinctivement à la mémoire :

Spectatum admissi, risum teneatis amici!...

J'ai déjà découvert deux ou trois choses inénarrables avec lesquelles je me fais depuis tantôt deux heures, un bonheur aussi intime que peu coûteux !... Je te raconterai cela.

Comme les locataires de l'ancien Olympe j'ai donc, en trois enjambées, parcouru salon et galeries, et malgré la rapidité de ma course, j'ai pu remarquer quelques toiles que je signale dès aujourd'hui à ton attention, mais sur lesquelles je reviendrai dans ma prochaine lettre.

C'est d'abord la *Prière pour la France*, de Mlle Eugénie Salanson. Tu te souviens de l'*Alsacienne en prière*, exposée l'an dernier par ce peintre et du succès qu'elle obtint. La Commission de l'Exposition voulut à l'époque en faire l'acquisition pour le musée de Laval, mais malheureusement sa demande arriva trop tard ; le tableau venait d'être vendu.

Mlle Salanson s'est souvenue de l'intention. Avec une délicatesse toute charmante, elle a reproduit à nouveau son œuvre, en ajoutant à la coiffure de son Alsacienne la chère petite cocarde tricolore, symbole de l'attachement invétéré à la mère Patrie,... puis... elle a généreusement fait hommage à la ville de Laval de ce patriotique tableau qu'elle expose pour la seconde fois !

On ne saurait, tu l'avoueras, être inspirée mieux, et, pour ma part, je sais autant de gré à Mlle Salanson de son attention gracieuse que de son précieux cadeau.

Cette sympathique artiste a également exposé une *Italienne* que je te recommande. — Si par hasard tu venais à rencontrer sur ta route la sœur de cette splendide brune, ne perds pas une minute, et double les postes autour de ton cœur !... Je t'avertis charitablement pour t'éviter un incendie... et tu n'es peut-être pas suffisamment assuré contre ce genre de sinistre... — Le tableau est d'ailleurs superbe. Nous en reparlerons.

Je te citerai en regardant çà et là, la *Mort du Trappiste*, de M. Dauban ; la *Vieille Histoire*, de M. Cossmann, une vraie perle ; une belle *Nature morte*, de M. Claude ; deux jolis *Paysages*, de M. A. Velay qui marche avec les bottes de l'ogre dans la route du progrès ; trois toiles du compatriote Landelle, dont une seule, entre parenthèse, le *Samaritaine*, a le don de me plaire ; le *Favori de la veille*, une conception lugubrement originale ; un beau *Paysage*, hors concours, de M. Bernier ; une *Jeune italienne endormie*, de M. François Lafon, fort joliment peinte et que je réveillerais volontiers... ne fût-ce que pour l'embrasser... (chut !...) ; un portrait de M. Toutain, par M. E. Placé, consciencieusement étudié ; deux *Paysages*, de Langerock, toujours à peu près dans le genre de ceux qu'il avait exposés l'an dernier, et..... encore beaucoup d'autres œuvres fort remarquables sur lesquelles je m'appesantirai en abordant le détail de l'Exposition.

La sculpture n'a pas envoyé de bien nombreux spécimens. Parmi ceux que j'ai vus, je te signalerai une charmante *Chloé*, de Vasselot ; deux *Bacchantes*. de Carpeaux, et enfin un *Méphistophélès*, de M. Cousseaux-Toussaint, de Laval, qui, lui, du moins, a eu le bon esprit de ne pas renoncer à la lutte et s'est contenté de mieux faire.

L'aménagement général n'est pas encore entièrement terminé, mais, d'après ce que j'ai pu préjuger, le coup d'œil d'ensemble sera fort joli. Des massifs de fleurs et de verdure habilement disposés dans la nef et dans les galeries reposeront agréablement la vue et produiront le meilleur effet. On reconnait aisément là le goût délicat des organisateurs de cette élégante fête artistique. Leur succès de l'an dernier les obligeait à faire mieux encore :

Mon avis est qu'ils ont réussi.

Maintenant que par cette description quasi

télégraphique je t'ai mis l'eau à la bouche, attends patiemment l'ouverture de l'Exposition et l'apparition du catalogue, car ce n'est qu'à ce moment que je pourrai te décrire la chose en détail et lâcher franchement la bride à la fantaisie.

« Jusque-là, mes frères, soyons dignes !... »

VALE.

P. S. — Tu sais qu'il a fait ici tout ce temps une chaleur telle que la Mayenne en est toute sèche et que la turbine s'est mise en grève, au grand détriment des populations paisibles qui s'obstinent néanmoins à lui payer leur abonnement pour manquer d'eau !... Encore une de ces délicieuses plaisanteries dont Laval seul a le secret ! Cependant, comme la mystification me semble un peu raide, je t'en parlerai en long et en large, un de ces jours. — Si tu étais encore en nos murs, je te recommanderais, pour combattre cette canicule blâmable, le buffet sérieux que l'ami Bernier installe à l'Exposition, au haut de la galerie de droite, mais, puisque tu te disperses loin de nous, aux quatre coins cardinaux, je me contente de me le recommander à moi-même, ainsi qu'aux rares Lavallois qui ne sont pas à Saint-Malo. Nous t'en dirons des nouvelles pour te consoler !...

II.

Depuis ma première lettre, mon cher ami, je me suis rendu deux fois à l'Exposition pour prendre quelques notes et continuer ma description. J'avoue n'avoir pas fait grand'chose jusqu'ici. Cependant, tout est aménagé à l'heure qu'il est, tout est en place et l'aspect définitif est véritablement remarquable. Vieux meubles, vieilles tapisseries, vieilles faïences, vieux tableaux, tout cela forme un chaos délicieux où les gourmets du bric-à-brac se plongent et se perdent avec une indicible volupté.

En ce qui me concerne, je ne me charge point de te servir de cicerone dans ce voyage rétrospectif au pays de l'art. — J'ai moi-même trop besoin d'un guide pour prétendre conduire les autres. J'espère d'ailleurs, comme je te le disais l'autre jour, qu'une plume sérieuse et compétente voudra bien faire au public lavallois les honneurs de cette exhibition archéologique. Je me réjouis pour ma part de l'occasion qui me sera ainsi offerte de m'initier à une science dont je n'ai pas la moindre notion, et contre laquelle je ne me sens pas dépourvu de préjugés.

Ainsi, — je puis bien te l'avouer, puisque nous causons entre nous, — il est de ces tableaux signés de noms retentissants qui, non-seulement me laissent froid comme neige, mais auxquels mon jugement rustique et mal dégrossi trouve encore une foule d'imperfections.

J'ai beau me dire : mais, malheureux ! c'est l'œuvre d'un grand maître ; reconnais au plus tôt ton hérésie, sous peine du ridicule ! Comment ne découvres-tu pas ces charmes inimitables qui font la joie des amateurs d'en face ?... Et j'écarquille les yeux de bonne foi. — Peine perdue ! Je n'y vois goutte et c'est tout. — Les meilleures besicles du monde n'y feront rien.

Tu hausses les épaules ?... Eh ! que serait-ce donc, grand Dieu, si je te disais le fond de ma pensée, si je te déclarais que sur cinquante connaisseurs, ou posant pour tels, il n'y en a peut-être pas deux susceptibles de ne pas couper dans tous les ponts, avaler toutes les couleuvres, tomber dans tous les panneaux que les madrés du brocantage tendent aux imbéciles !...

Ah ! mon ami, quel oiseau rare est l'amateur véritable, et combien est nombreuse la famille de l'amateur pour rire !

Le premier est à vrai dire un savant utile ;

le second n'est ni plus ni moins qu'un farceur. L'un, en collectionnant les chefs-d'œuvre avec intelligence, s'applique à suivre pas à pas l'art dans ses diverses transformations ; il se délecte à la contemplation de ces essais du beau, de ces tentatives vers l'idéal, et en ressent une jouissance intime.

L'autre se garde bien — et pour cause — d'y comprendre quoi que ce soit. Le tout est qu'il en fasse semblant. De temps à autre, il achète à son de trompe un tableau de maître, comme il se paie un diamant : pour que cela brille aux yeux de la foule et que son individualité en acquière, par reflet quelque éclat de nature à donner le change sur sa valeur personnelle. — Ajoute à cela qu'au lieu d'être modeste, ce type d'amateur est d'ordinaire tranchant et péremptoire. Par bonheur, si boursouflée qu'elle soit de bêtise et de vanité, la baudruche artistique est essentiellement perforable par le ridicule. Un rien la dégonfle et la met à plat. Le plus léger coup d'épingle suffit à le faire... — et c'est un accident qui se rencontre encore assez fréquemment dans la vie !

Je ne te parlerai donc point, mon cher ami, de cette partie de l'Exposition où les amateurs en titre pataugeant à l'envi, ton serviteur s'embourberait consciencieusement dès les premiers pas. A la fin de mes lettres peut-être appellerai-je cependant ton attention sur certains objets qui m'auront particulièrement frappé, mais en définitive, je récuse dès à présent la périlleuse mission de t'en faire un compte-rendu en règle.

Cela bien établi, je t'invite à entrer sans façon dans le salon carré, où s'étale la peinture moderne, qui rentre un peu mieux que l'autre dans mes attributions. Je ne sais si cela tient à moi et si je suis plus mal disposé que de coutume, mais il me semble que cette partie de l'Exposition est plus pauvre que l'an passé. J'ai beau tourner mes regards à droite et à gauche, je n'y rencontre pas (sauf de très-rares exceptions) de ces tableaux qui fixent l'œil et captivent l'attention du visiteur le plus distrait. — On est un peu dérouté par cette monotonie générale, et l'on éprouve une vague lassitude à quêter, le nez en l'air, un gibier de quelque valeur, pour ne pas s'en aller bredouille, comme disent les disciples de saint Hubert.

Je ne veux pas dire par là qu'il n'y ait rien de saillant parmi les œuvres exposées, Dieu m'en garde. Je me réserve même de te donner la preuve du contraire; mais enfin, si je n'y rencontre plus, comme l'année dernière, de ces fondrières inédites où Pincelard se plaisait à faire cascader sa plaisanterie, je n'y trouve plus en revanche ces sommets où l'art vrai brillait comme un phare.

Aujourd'hui, nous sommes bel et bien dans la plaine : ni trop haut, ni trop bas. — Restons-y donc, et tâchons d'y cueillir les quelques fleurs odorantes qui s'y trouvent.

Si tu veux, nous commencerons par le petit

panneau de gauche en entrant dans le salon carré.

Là, la première chose qui frappe est incontestablement le portrait (n° 25) d'une *vieille Paysanne angevine*, qui fait le plus grand honneur à son auteur, M. Ed. Audfray. Je ne connais pas du tout cette bonne femme, mais je parierais je ne sais quoi contre ce que tu voudras, qu'elle et son portrait c'est tout un. Il est plein de vie, de naturel, et l'on y sent une individualité parfaitement franche. C'est, à mon avis, le meilleur portrait du salon.

Le n° 219 a pour père M. Jean Even, de Dinan. Il représente un assortiment de poissons de mer assez complet pour faire rougir de honte toutes les ventes à la criée de la terre. Raie, huîtres, rougets, congres... et un citron par dessus le marché, pour ceux qui l'aiment. Rien n'y manque, pas même le talent. M. Even a positivement une vocation spéciale en peinture. — Michel Morin, de classique mémoire, pratiquait le latin de cuisine! M. Even, lui, se livre à la peinture de cuisine! Toutes ses toiles sont gastronomiques. Voir le n° 220, *Cuisinière*, et 221, *Boucherie à Dinan!*... C'est au point que si j'étais le Jury, je me demanderais s'il ne conviendrait pas mieux de lui décerner un cordon bleu qu'une médaille.

Le n° 220, la *Cuisinière*, que je viens de te citer, se trouve au panneau de droite. C'est un léger spécimen de ces toiles à titres mensongers contre lesquelles je me dispose à faire une charge à fond de train, parce qu'elles pullulent à l'Exposition. — Jamais de sa vie cette cuisinière n'en a été une.

C'est une bonne, tu m'entends? une bonne pimpante, proprette et piquante comme tout... une Babet pur sang! Tout l'indique d'ailleurs: la coquetterie du costume, l'allure de qui le porte et l'esprit malicieux du sujet lui-même. Mademoiselle est en train de servir un thé: deux tasses et deux brioches, mon ami! Saisis-tu la nuance?... Et voilà ce que c'est que d'être aux gages d'un célibataire. Non, non, ne me dites point que ceci est une cuisinière.

Le n° 202 *bis* de M. Doussault représente à ce qu'il paraît un *Kaïk sur le Bosphore*. C'est un tableau d'une tonalité étrange. La mer y est d'un bleu tellement convaincu que j'en ai été déconcerté tout d'abord, mais des gens qui ont beaucoup voyagé, qui connaissent intimement le Pirée et que j'ai consultés à ce sujet, m'ont assuré que tout cela est parfaitement exact. Allons, tant mieux! il n'en fallait pas davantage pour me tranquilliser. Si par hasard tu ne savais pas ce que c'est qu'un *Kaïk*, je me ferais un plaisir de te dire que c'est un mot éminemment turc. Le mot français correspondant est *caïque*. Tu peux choisir celui que tu voudras et laisser l'autre... à la Porte (!) Tous les deux indiquent, du reste, un petit bateau qui se promène dans l'archipel. Es-tu content?..

Le n° 185 est d'un exemple déplorable à la veille de l'ouverture de la chasse. Si des malheurs spéciaux arrivent cette année dans la Mayenne, M. Dupain pourra se flatter d'y avoir largement coopéré. Voici ce que c'est :

Un vieux chasseur qui rentre le carnier plein, rencontre en son chemin une jolie fille portant des reinettes dans un panier. — Gibier choisi. — Au lieu d'entamer avec elle une conversation édifiante autant qu'utile, de lui parler des futures élections au Sénat ou des affaires de l'Herzégovine, toutes choses propres à orner l'esprit en élevant le cœur, ne voilà-t-il pas qu'il lui prend le menton en manière d'exorde! L'autre qui se demande ce que sera la péroraison en laisse tomber ses pommes de saisissement. Eh bien! et sa mère, qu'est-ce qu'elle va dire?... — Ah! pour un mauvais exemple, voilà un mauvais exemple. L'auteur, M. Dupain, est d'autant plus coupable que le tableau est gentil... Il prouve même que Dupain n'est pas l'*ami* de la *croûte*.

.....!.....

Il fallait une punition exemplaire : C'est fait!

Le n° 113, qui ne se trouve pas à un kilomètre de là, s'intitule *les Raisins*. O ces titres menteurs! Figure-toi que ce tableau consiste essentiellement en une femme antique qui élève au bout de ses bras un bébé quelconque dont toute l'ambition consiste momentanément à atteindre une toute petite grappe, la seule, l'unique qui se trouve dans la vigne... Et l'on appelle cela *les Raisins*. Pour si peu !!. C'est M. Chassevent qui a imaginé cette chose.

Cette peinture me fait penser à celle de M. Bernard, n° 664, qui porte pour titre « *La Vierge au lys* ». En lisant cela sur le catalogue, on se figure assez volontiers une vierge tenant un lys à la main et pressant un Jésus sur son cœur. Funeste erreur, fatal délire ! Cette vierge, mon ami, est dite *au lys*, par ce motif renversant qu'il n'y a pas même l'ombre de cette plante dans tout le tableau. On y découvre bien encore une vigne garnie de sa grappe de raisin, comme tout à l'heure, mais de lys... pas plus que sur le drapeau tricolore. De là naturellement cette dénomination fantaisiste : *La Vierge au lys*. Je demande un Œdipe !

Quant au n° 344 de M. Langlet, intitulé « *Maître Corbeau* », il représente un petit homme costumé en montagnard, muni d'un sabre au fourreau, le tout au bas d'un talus... Et cela s'appelle *Maître Corbeau* !... Y aurait-il de l'indiscrétion à demander, pourquoi ?... Je continue...

N° 34. — *Alsacienne et son enfant*. Voilà qui est violent, par exemple. Décidément, plus je vais, plus je m'embrouille. Est-ce donc ma faute ou celle d'autrui? Comment cette sorte de divinité affublée d'une trompette, comment ce moutard qui souffle dans un instrument du même acabit, comment ces deux êtres habillés d'une façon quasi-olympienne peuvent-ils bien représenter une Alsacienne et son enfant? Je vous le demande !... S'il y a quelque part une personne de bonne volonté qui veuille bien m'expliquer cela d'une façon satisfaisante, je lui réserve une récompense honnête...

Je la désabonne au *Figaro !...*

En vérité, ce n'est pas une plaisanterie, mais cette année les titres sont d'une fantaisie échevelée qui me surpasse. Il faut s'attendre à tout de la part du catalogue, et je ne serais point étonné d'y découvrir sous peu des choses dans ce goût-ci :

N° 5,452. — *Candeur...* — On ira de confiance et l'on se rencontrera tout à coup nez à nez avec le portrait de M. Rouher !...

N° 6,067. — *Antinoüs...* — Vous vous presserez pour considérer cet idéal de beauté masculine et... c'est Veuillot qui vous apparaîtra tout encadré! — Si tu crois que c'est amusant !...

Allons bon ! voilà le papier qui me manque. J'en avais pourtant bien à te dire encore. Ce sera pour la prochaine fois.

P. S.—Les écourues étant prorogées jusques aux calendes grecques et même encore plus loin que cela, il est question de louer le lit de la Mayenne à un entrepreneur de jeux de boulequi prendrait à sa charge tous les frais d'installation.

En revanche, une pétition de notables commerçants circule en ce moment dans toute la ville. Elle demande que de nombreux puits artésiens soient immédiatement forés dans la rivière, de façon à fournir à la turbine l'eau non filtrée qui lui manque ainsi qu'à ses abonnés, depuis tantôt deux mois. — L'idée me semble ingénieuse : Je crains seulement qu'elle ne soit pas suffisamment pratique !... C'est à étudier.

III.

Avant de quitter le petit panneau de gauche dont je t'ai commencé la description dans ma dernière lettre, je tiens, mon cher ami, à te signaler encore quelques toiles, le n° 128 entre autres, de Mme Delphine de Cool, intitulé : *Elle prie pour lui!* C'est une petite fille qui, tout en tricotant des bas, dit son chapelet sans doute à l'intention d'un père décédé. On ne fait pourtant jamais bien deux choses à la fois, dit le proverbe. Enfin, la jeunesse n'y regarde pas de si près. Le tableau n'est peut-être pas sans mérite, mais le coloris en est fadasse.

Même reproche au n° 187, *la mère Sollier faisant ses paniers.* — Je ne sais pourquoi M. Dupré se montre tant amoureux des tons grisâtres et atténués, lui qui les avait si heureusement proscrits de son propre portrait, une des perles de la précédente Exposition.

La *Laveuse*, n° 188 est dans le même cas que

la mère Sollier, et le portrait du père de l'auteur, n° 186, malgré ses qualités, ne semble pas émaner du même pinceau que celui du fils. En vérité, il est malheureux de débuter par un chef-d'œuvre, en raison des obligations que cela vous crée pour l'avenir.

Le n° 319, *Canotiers*, de M. Marcellin Laporte, est loin de me plonger dans l'extase. La jeune fille qui dit adieu à son amant, sur le point de monter en gondole, a une expression telle que si jamais la recette de la poudre venait à s'égarer, on pourrait être sûr de ne pas la retrouver dans ses tiroirs. Quant au monsieur multicolore qui semble régner sur son cœur, il n'est point, à mes yeux, dénué de charmes, en tant que maillot rembourré. Je te recommande surtout sa jambe gauche qui, à elle seule, comme un bon sonnet, vaut un long poëme :

« Le mollet se recourbe en replis tortueux !... »

Non ! je n'ai jamais vu, même en rêve, une ondulation de tibias et de péronés aussi déconcertante !

Heureusement, M. Laporte sait mieux faire, et, comme réalisme, je te signale le n° 320, *Coquette* (dans le fond, à côté des bronzes), qui est d'une vérité de boulevard saisissante. Ce coup du miroir avant le quart sur l'asphalte est incontestablement très-réussi.

La *Soubrette*, du n° 349 de M. Lindet, exécute un solo de trempette avec beaucoup de conviction. Un léger biscuit, un simple verre de Bordeaux et voilà une fille heureuse!... Voilà même un gentil tableau. — A ta santé, mignonne!...

— A la vôtre, *Mignon*, dirai-je à son voisin, le n° 132 qui, pâle et amaigri, porte quand même un toast à son Roy! — Pauvre cher homme! — Au lieu de boire à votre seigneur et maître, défunt depuis des siècles, ne feriez vous pas mieux, l'ami, de réparer, par des quinquinas et des ferrugineux assortis, les forces que vous avez perdues à son royal service?... Voyez vos mollets, mon gentilhomme, et passez chez le pharmacien du coin! — Moi, je vous laisse et passe au panneau de droite où le devoir m'appelle.

Voyons un peu :

Tout en haut se trouve une belle *Nature morte* de M. Claude, autre peintre en conserves alimentaires dont les *Prunes*, 125, et les *Pêches*, 126, ont un aspect spécialement savoureux. — Son chevreuil et son faisan, — il y a même, si je ne me trompe, un héron dans le groupe, — sont d'un magnifique effet.

Je n'en dirai pas autant des *Fleurs* d'à côté, n° 117. Il y a un peu de tout dans ce fouillis empâté. La botanique entière y est passée en revue et l'entomologie y bourdonne à chaque feuille, sous forme de mouches, de scarabées, de lépidoptères, etc., etc. Il y a même, Dieu me pardonne, jusqu'à une tortue!

« Doux Chélonien, qui t'appelle en ces lieux?

Une telle exubérance m'afflige au plus haut degré, et je suis convaincu que si l'on retranchait les trois quarts et demi de ce tableau, il y en resterait encore assez pour donner prise à une critique sérieuse. Enfin !... *Paulo majora canamus.*

Le *Montreur d'ours*, n° 307, de M. Landelle, n'est pas ma toile de prédilection dans l'exposition du maître, malgré les grandes qualités que je me plais à lui reconnaître. *L'enfant aux bluets*, 306, m'attire davantage en raison de sa grâce naïve et pénétrante, mais c'est la *Samaritaine*, n° 305, sœur de la *Ruth* de l'an passé, qui charme plus particulièrement mes regards et ceux du public.

M. Landelle a une individualité bien tranchée en peinture et je reconnaîtrais ses femmes entre toutes. Quels types magnifiques, quels beaux grands yeux frangés de longs cils, quels regards limpides et quelle adorable sérénité sur ces doux visages !... Comme ces draperies sobres et élégantes embrassent bien ces corps délicats, et comme leur diaphanéité en indique chastement les contours !... Les créations féminines de M. Landelle portent toutes l'empreinte de son idéal, et ce n'est pas tant dans l'esprit que dans le cœur qu'elles vous restent !...

Laval a le droit d'être fière de son enfant !

Un joli *groupe de perdrix*, au n° 484, de M.

Schmidt. Voilà qui doit mettre l'eau à la bouche des chasseurs et gonfler leurs gibecières d'espérance. C'est engageant au possible, et j'entendais l'autre jour un de nos Lefaucheux les plus terribles se dire à mi-voix :

— Décidément, je m'en vais !... Je ne peux pas regarder cela plus longtemps...

— Et pourquoi donc ? fis-je, assez surpris.

— Pourquoi ?... mais simplement parce que je trouve que l'aspect de la perdrix... *grise !*...

J'en suis devenu tout rouge !... Je te repincerai, affreux Nemrod !

Les *fleurs et objets d'art*, n° 330, de M. Victor Leclaire, indiquent chez leur auteur une dextérité de pinceau peu commune. Tout cela est fini, fouillé, ciselé, si je puis m'exprimer ainsi. Et puis, il n'y a pas de tortue dans le paysage et j'en éprouve un véritable soulagement.

M. Jules Noël, un artiste de talent celui-là, est le peintre en titre du Tréport. Sa palette le chante dans tous les tons et sur tous les modes. Juges-en :

N° 400, vue du Tréport !

N° 401, Tréport !!

N° 402, falaise du Tréport !!!

Aimez-vous le Tréport, on en a mis partout !.. D'ailleurs les toiles de M. J. Noël sont charmantes. Ce sont de jolies pochades de grèves saisies au vol et croquées avec esprit. Falaises crayeuses, plages mouillées, groupes bien vivants et de temps à autre un gamin de vent qui vous soulève les jupons et vous découvre tout un monde de mollets dodus, tout cela est touché de la bonne manière. Mes compliments au Ruisdael normand.

Les *Bords de la Seine au Bas-Meudon*, de M. Defaux, me rappellent involontairement — hélas! — cette pauvre Mayenne qui, selon la pittoresque expression de M. Duruy, coule à sec pour le quart d'heure. Il est possible que les délicieux ombrages du n° 166 représentent les bords de la Seine à l'endroit indiqué, mais il est certain que l'acteur principal, je veux dire la Seine elle-même, est partie en vacances à l'immense jubilation des turbines du Bas-Meudon, si tant est qu'il y ait des turbines en ces fortunés parages.

Un petit endroit humide,... voilà ce qui fut le grand fleuve !

Trois flaques puantes encadrées d'un macadam vaseux,... voilà ce qui fut la Mayenne !... Pleurez, nos yeux !...

O heureux, trois fois heureux sont les appareils hydrauliques qui, tout en se croisant vertueusement les bras, se résignent cependant à vivre de nos rentes deux mois sur six !!!... Que leur exemple serait donc doux à suivre dans toutes les autres branches de l'industrie, et que ces admirables *cas de force majeure*, ignorés du vulgaire, ont donc de côtés séduisants et économiques !

Ah ! mon ami !... le cœur déborde rien que d'y penser !...

Mais, trêve aux émotions, et retournons à nos huiles.

Le n° 510, de M. Alexandre Swoboda, représente les *restes du temple de Bélus*. Quand on sait les accommoder, ces restes-là peuvent très-bien se resservir au salon ; seulement il ne faut pas abuser des condiments, ni des épices, du violet par exemple. Cela donne tout de suite une saveur trop prononcée à la sauce et le ragoût n'en est pas meilleur. C'est du moins l'avis de Désirée !...

M. L. Pédron avait exposé l'an passé un charmant tableau, *la Table du vieux savant*, qui m'avait particulièrement plu. Les toiles de cette année me séduisent moins. Son *Intérieur de sabotiers*, n° 413, contient cependant de jolis détails, bien étudiés et bien rendus. Le bébé qui se prépare à déjeuner pousse même le réalisme jusqu'à avoir les yeux positivement plus grands que le ventre, ce qui est d'ailleurs le propre de tous les enfants à table !...

Les Mendiantes, n° 421, de M. de Pignerolles, sont une œuvre remarquable. La couleur générale en est jaunie et comme enfumée, mais cela lui donne un cachet d'antiquité qui n'est pas sans charme. Je voudrais en pouvoir dire autant de l'*Automne*, 420, du même peintre. Hélas !... cette femme aux traits indécis, au visage sale, aurait, à mon avis, bien mieux fait de ne pas quitter l'atelier. Quand on a, comme elle, à portée de la main une cruche pleine d'eau propre, le premier devoir est de se débarbouiller à outrance, puis, quand on est à peu près présentable, — ça demande deux ou trois lessives, — on peut aller dans le monde si l'on veut... — mais pas avant!...

Le n° 440, de M. Emile Ravayre, est intitulé : *Rêverie de jeune fille.* — C'est une aimable beauté dont le corset, la chemise et les bottines sont pour l'instant au Mont-de-Piété. — Elle écoute les propos du mioche assez bouffi qui les lui a fait mettre sans doute dans cet établissement philanthropique, car il n'en fait jamais d'autres! Ce gros chérubin, orné d'un arc, lui insinue une quantité de propositions dans le tuyau de l'oreille, si bien qu'elle se met à en rêver tout de suite comme une petite folle!... Et voilà comment les affaires s'arrangent!... Je te recommande comme dessin la main de l'Amour qui tient l'arc, — un pur phénomène! — et celle de la jeune fille, la gauche, dont les doigts coulent comme des bâtons de sucre d'orge non encore refroidis!...

Les *Revers de fortune*, n° 481, de M. Adrian Schill, sont personnifiés dans une femme coiffée d'un foulard, enveloppée d'un châle et porteuse d'une robe de soie usée, dernier vestige de son opulence déchue. Elle pince actuellement de la guitare en ouvrant une bouche à vous engloutir sans sourciller deux kilos de farine reconstituante!... Bâille-t-elle?... Braille-t-elle?... On n'a jamais pu savoir!...

Avant de clore ma lettre et pour terminer ce panneau, je te signalerai encore un paysage hollandais, n° 537, de M. Van-Hier, qu'il ne faut pas plus sortir de son pays que M. Jules Noël du Tréport. Ce sont toujours ces mêmes sites clairs et froids, qui vous font bénir l'inventeur des cache-nez, pour peu qu'on les considère pendant trois minutes. — Je suis même intimement convaincu que le rhume que je possède à l'heure qu'il est, me vient directement du regard pourtant rapide que j'ai dû, par état, jeter sur ces toiles frigorifiques !

Mon médecin, auquel j'ai exposé mon cas, m'a ordonné de suer beaucoup !... C'est pourquoi tu m'excuseras de te quitter si vite. — Je vais lire *l'Ordre!*

Demain je serai guéri !

P. S. — J'avais bien pensé, au lieu d'avaler le journal susmentionné, à aller visiter les rapides travaux du quai, mais il paraît que ce serait trop énergique, — et il ne faut jamais jouer avec les remèdes !...

IV.

Mon cher ami,

Nous allons aborder cette fois-ci, si tu le veux bien, le grand panneau latéral droit. Nous suivrons ensuite tout le long, jusqu'à ce que nous ayons fait le tour complet et que nous soyons revenus à notre point de départ. — Cela fait, nous recommencerons le même trajet extérieurement puis nous nous lancerons dans les porcelaines, les fusains et les aquarelles. Voilà le programme.

Tu vois qu'il y a de quoi jouer de la plume, et que si d'ici à quinze jours les araignées trouvent le temps de tisser leurs toiles entre les doigts de ton serviteur, elles pourront se vanter d'enfoncer carrément tous les métiers mécaniques passés, présents et même futurs!... — Soit dit sans malice.

Le n° 554, qui se présente le premier à mes regard, est intitulé *le Repos*. Il est dû à l'habile pinceau de Mlle Eugénie Venot d'Auteroche. C'est une Italienne (Pas Mlle Venot, sa fille!...) qui, vêtue d'un élégant costume indigène, se repose en compagnie de quelques grappes de chasselas. La peinture en est belle, mais quel singulier procédé emploie cette Napolitaine pour se reposer! Imagine-toi qu'elle lève les bras en cercle au-dessus de sa tête! De mon temps, au petit collége de Laval, on nous imposait cette attitude artistique comme une punition. C'était, ma foi, bien désagréable. Nous préférions même, je m'en souviens, faire des croix avec la langue sur le carreau... Enfin, des goûts et des couleurs, il ne faut pas discuter, dit-on. Je passe donc, tout en félicitant Mlle d'Auteroche de son œuvre.

La *Moissonneuse champenoise*, n° 477, de M. Arsène-Symphorien Sauvage, né à Rosière (Meuse), a le don d'exciter ma bile au plus haut point, pour deux motifs. Le premier c'est le peu de valeur de cette peinture en elle-même, et le second la fausseté écrasante de son titre. Comment! voilà une grande fille qui, une cruche sur l'épaule gauche, s'en vient dans un bois solitaire puiser de l'eau à une source, et vous avez le... courage de l'intituler *Moissonneuse!...* Champenoise tant que vous voudrez, mais moissonneuse, jamais! En voilà une façon de moissonner inédite que de s'en venir dans un taillis, où il n'y a pas ombre de blé, remplir un ustensile de terre à une petite fontaine!... Il faut se faire, tout de même, une drôle d'idée du public pour lui exhiber des titres pareils. Pour ma part, cela me dépasse. — Tout ce que je puis faire pour cette moissonneuse, puisque moissonneuse il y a, c'est de lui donner l'adresse d'un pédicure, car elle a certainement un bobo au gros orteil gauche.

La *Mort du Trappiste*, n° 162, de M. Jules Dauban, est une œuvre de valeur comme composition et comme exécution. Le cadavre d'un moine gît près d'un vitrail où la lune donne en plein, tandis qu'à la lueur fumeuse et rougeâtre des cierges, ses anciens compagnons de cloître récitent les prières des morts. Le contraste de la lumière froide et verdâtre de la lune avec celle des flambeaux produit un effet saisissant. Ce tableau est empreint d'un grand caractère, et si mes félicitations valaient quelque chose, je les offrirais sincèrement à M. Dauban.

Une jolie toile, n° 496, les *Convives en retard*, de M. André Servant. La maison moyen âge du fond avec son escalier extérieur à tourelle a beaucoup de cachet, et la table dressée dans la cour ainsi que les groupes qui l'environnent, offrent un gracieux ensemble. — Quant aux convives en retard, ces messieurs embrassent si galamment la main des dames, et cette façon de s'excuser est toujours si persuasive qu'on leur a déjà pardonné, j'en suis sûr, d'avoir laissé refroidir le potage.

Dans ce panneau privilégié, je te recommande une charmante composition de M. Maurice Cosmann, n° 134, intitulée : *une vieille Histoire.*

Sur une place entourée de constructions à pignons aussi moyen âge que possible, et ressemblant beaucoup à la place du marché au poisson de Bâle, un jeune homme et une jeune fille, en costume du temps, recommencent cette éternelle idylle que depuis Adam jusqu'à nos jours les amoureux répètent sans cesse, sans jamais la trouver ni monotone, ni démodée. — La belle vient de recevoir un bouquet... Elle baisse pudiquement les yeux et rêve en pensant à qui le lui a offert. Le beau cavalier, lui, nonchalamment accoudé, l'enveloppe d'un long regard, tandis que son cœur s'égare dans des songes d'avenir... — O touchante et adorable poésie! chimère délicieuse qu'un jour voit naître, qu'un jour voit mourir, éphémère comme ces bulles irisées qui sorties des lèvres d'un enfant se perdent sans laisser de traces!...

Vieille Histoire! A la bonne heure! Voilà un titre bien compris et bien mérité. Il me remet en mémoire un sonnet intitulé justement de la même manière, que je ne sais plus qui rima je ne sais plus où... Le voilà, tel quel :

Quand au cœur l'amour est en herbe,
Rien n'est plus grand, en vérité!
On se promet l'éternité,
On est naïf, croyant, superbe!

Mais, lorsque l'amour est en gerbe,
Lorsque vient la satiété...
Adieu serments, fidélité!
— L'oubli souffle son vent acerbe. —

L'amour se suffit tout d'abord,
Et le cœur s'emplit jusqu'au bord
Rien que du seul nom d'une belle...

Puis... un jour qu'on n'y songe pas,
Le désir fuit à petit pas,
Et... — Comment donc s'appelait-elle?...

C'est bien là aussi la vieille histoire, mais le poète y a introduit la réalité. Le peintre, lui, n'en a pris que la poésie, et c'est vraiment une œuvre délicate que la sienne. Je ne crois pas me tromper en lui prédisant un succès.

Mlle Jeanne Scapre qui, l'an dernier, avait exposé un *Repas au bois*, et avait obtenu une médaille d'or, nous a envoyé cette année le pendant de cette toile, *le Déjeûner*, n° 488. C'est une gentille petite fille blonde qui se dispose à manger du lait dans une écuelle, après avoir préalablement dévalisé une grappe de raisin dont le squelette, consciencieusement disséqué, se voit à terre. Cette peinture est jolie et je la préfère à *la Prière*, n° 489, du même auteur.

Joseph Pincelard, avait, si je ne me trompe, reproché dans le temps à Mlle Scapre, à propos de sa *Mauvaise nouvelle*, la singulière façon dont elle place le point lumineux dans l'œil de ses personnages. Joseph avait raison, mais

Mlle Scapre qui se trouve bien de sa méthode, à ce qu'il paraît, l'a continuée avec une grande tranquillité d'âme. Aussi, vue à trois pas, sa brunette en prière est-elle, comme autrefois la jeune femme à la mauvaise nouvelle, munie d'une superbe cataracte double.

Chacun a son goût, dit le sage. Moi, j'aime mieux autre chose.

Le *Combat naval*, n° 487, est une agréable composition de genre. — Trois enfants, — deux filles et un garçon, avec l'ingéniosité de leur âge, ont fabriqué deux navires de guerre au moyen des deux coques d'une noix. Deux allumettes chimiques du gouvernement, judicieusement choisies afin d'éviter toutes chances d'incendie, ont été transformées en grands mâts. Le saladier de la cuisine a été mis en réquisition et la vieille cruche de grès verni y a deversé un Océan complet, sur lequel le souffle de la plus petite fille déchaîne des tempêtes homériques !

La mise en scène n'est pas compliquée, comme tu vois, mais la pièce n'en est pas moins intéressante, et je te réponds que les trois paires d'yeux qui contemplent les émouvantes péripéties de ce drame maritime, ne se détourneraient pas pour beaucoup, fût-ce même pour voir l'effet d'un amiral à pied, comme M. La Roncière Le Noury !...

Si *Venise au XVIe siècle* était dans toutes ses rues comme l'indique M. Loyeux au n° 357, je me félicite chaudement d'être né trois cents ans trop tard pour avoir pu y habiter. Non pas que les maisons n'y soient logeables, celle qu'à peinte M. Loyeux est même sculptée et fouillée avec amour, mais... c'est le propriétaire qui n'a pas l'air commode !

Un monsieur bien mis s'est donné la peine de louer une gondole pour venir lui faire visite. Au lieu de lui offrir poliment un verre de vin, ou quelque chose de frais à boire par le temps qui fait, cet homme, aussi inconvenant que mal élevé, se contente de lui cacher trois ou quatre fois son poignard entre les côtes, puis le congédie brusquement, en lui administrant un coup de pied dans le ventre, de façon à l'envoyer sur le dos, dans le canal pour se laver un peu et se rafraîchir par la même occasion.

C'est une manière de pratiquer l'hospitalité que j'oserai qualifier de peu délicate. Quant au tableau, sa couleur verte et sombre lui donne un aspect d'un sinistre à faire dresser les cheveux sur la tête d'un genou. Toujours est-il qu'il est très-consciencieusement étudié.

Te rappelles-tu bien avoir lu quelque part un procédé aussi nouveau qu'expéditif, inventé par Pincelard, pour confectionner les aquarelles ? Je ne sais si tu l'as trouvé de ton goût dans le temps, mais ce que je sais bien, c'est que certains peintres ont tenté de l'appliquer cette année à la peinture à l'huile, en y apportant toutefois quelques légères modifications. Ah! messieurs les artistes il vous faut du *chic*... soit! mais ne vous en payez pas trop, croyez-moi. Le mieux, vous le savez, est souvent l'ennemi du bien, et c'est à force de viser à l'originalité que l'on finit par tomber dans le grotesque.

Les réflexions précédentes me sont suggérées par divers tableaux, entr'autres les nos 78 et 79, deux *Plages de Trouville*, par M. Eugène Boudin. Je suis loin de nier la désinvolture et la facilité de ces pochades, ni même le talent de leur papa, mais saprelotte! qu'une fois lancé dans cette voie, on peut donc aller loin!.. Il y a encore un procédé spécial pour ce genre de peinture, et le voici :

Supposez un instant que vous soyez devant une toile blanche tendue sur son chassis. Vous prenez votre vieille brosse à dents, — celle qui perd ses poils, — et vous y disposez à intervalles, artistement combinés, quelques bavures de rouge, de bleu, de jaune, de noir, de blanc et puis l'empoignant élégamment par le manche, vous vous approchez du tissu que vous devez rendre immortel.

C'est alors que vous vous faites bander les yeux par votre cuisinière et que vous lui intimez crûment l'ordre de vous chatouiller !.... Cette fille, qui ne connaît que la consigne, se met immédiatement à l'œuvre, et vous, vous débattez tout le temps comme vous pouvez, sans trop vous éloigner pourtant de votre chevalet, afin de ne pas manquer de touche. Il arrive que dans vos gesticulations spasmodiques et involontaires, vous donnez des coups de brosse par-ci, par-là sur la toile. Le bleu et le rouge, le noir et le vert, le violet et le jaune se faufilent l'un dans l'autre, et les poils rudes de l'instrument y tracent toutes sortes de choses aussi agréables qu'inattendues !...

Au moment où votre collaborateur en jupons vous aide avec plus d'acharnement, vous vous écriez tout d'un coup d'un air vexé :

— Eh bien ! Sidonie ? qu'est-ce que c'est ?... Vous n'allez pas finir donc ?

..... — Et avec un geste péremptoire vous la renvoyez à ses fourneaux, voir si vous y êtes !

Vous pouvez dès lors ôter votre foulard et contempler à loisir l'œuvre que vous venez de mettre au jour. Vous n'y comprendrez peut-être pas grand'chose tout d'abord, mais pour peu que vous ayez un semblant d'imagination, vous vous en tirerez toujours.

Quelques retouches adroites pour accentuer les effets du hasard, c'est tout ce qu'il faut pour terminer l'affaire...

O plage de Trouville, n'est-donc point ainsi que l'on exécute parfois ton portrait ?...

L'auteur des n°s 327, 328, 329, sans avoir positivement adopté ce procédé fantaisiste, ne me paraît pas cependant l'ignorer tout à fait, et malgré les bonnes intentions de ses petits tableaux, malgré le réel talent qui s'y trouve, je ne puis m'empêcher de leur préférer de beaucoup les aquarelles 323, 324 et 325 sur lesquelles je reviendrai comme elles le méritent en temps et lieu.

Quant au n° 112, *la Consigne*, il ne m'arrêtera pas longtemps, en raison de sa maigre valeur et aussi de l'heure qu'il est : ma montre marque minuit moins dix, et à cette heure-ci, mon ami, *la Consigne*..... est de ronfler !

Donc bonne nuit et à demain.

P. S. — Dernières nouvelles !!!

Pour répondre aux besoins aqueux de la population lavalloise et en raison de l'insuffisance de la turbine, on construit actuellement un superbe manége sur l'emplacement de feu cet appareil. — **MM.** les principaux abonnés auront le droit, moyennant cent sous d'entrée, versables chaque jour à la Caisse des dépôts et consignations (pour l'achat d'une machine à vapeur), de venir tourner à bras le dit manége, de six heures du matin à huit heures et demie du soir, afin de permettre aux jets d'eau de fonctionner, et aux poissons rouges de ne pas rendre l'âme dans le liquide infect où ils languissent tristement.

A neuf heures, messieurs les abonnés pourront aller changer de chemise.

Le lendemain, dès l'aube, ils seront à même de recommencer si cela leur fait plaisir !

Le prix de leur abonnement n'en sera point augmenté !... Qu'on se le dise !!!

V.

Mon cher ami,

Je me vois, à mon grand regret, obligé de presser le pas pour arriver à temps au but de ma course. Je ne pourrai donc m'arrêter en route autant que cela m'eût été nécessaire pour donner de l'étendue à mes descriptions, mais l'heure presse et je suis forcé de sauter à pieds joints par dessus des œuvres qui eussent cependant mérité une mention particulière.

Ainsi, je ne te parlerai point des petites toiles de M. Lenfant, de Metz, l'inventeur des musées de poche. Leur genre d'ailleurs ne me va guère, et quand on a vu une fois ces bébés roses travestis de toutes les façons imaginables, on en est satisfait pour longtemps.

Le Retour du Torero, n° 456, ne m'arrêtera pas non plus. Entre nous, on l'eût intitulé : *l'Invitation à la Valse* que je n'y aurais vu aucun mal.

Voici un joli *Rendez-vous de chasse*, n° 241, de M. Albert de Gesne. Chasseur et chasseresse, veneurs et meutes, tout cela est fort bien disposé dans un élégant paysage.

Le n° 473, de Mlle Jeanne Sanson, représente une dame tout de rose habillée, qui contemple attentivement une photographie. — D'après le Catalogue, cela s'appelle : *Prise.....* Prise de qui? Prise de quoi, s'il vous plaît? d'Alger, de Malakoff ou de tabac? Qu'est-ce? Je demanderai l'explication au concierge.

Non loin de cet hiéroglyphe se trouve un certain n° 379, de M. Léon-Henri Michel, qui n'a guère de particulier que son titre : *l'Enfant au chat.* Vois donc ce que c'est, moi j'aurais plutôt supposé que c'était le chat qui était à l'enfant... et pas du tout, c'est l'enfant qui est au chat. — Se trompe-t-on assez en ce bas monde?

M. Pierre Lira a exposé, sous le n° 351, une toile assez soignée et intitulée une *Lettre qui fait rêver.* — C'est une jeune femme vêtue d'un singulier costume gris et vert, qui, à demi renversée dans un grand fauteuil à fleurs jaunes semble réfléchir profondément à la lettre que vient de lui adresser le voisin d'en face. Elle la tient encore dans sa main droite.

Je suis très-curieux de ma nature, tu le sais; en outre ma lorgnette est excellente. — J'ai donc profité d'un moment où les commissaires de l'Exposition avaient le dos tourné pour lire tout ce qu'il y avait sur le papier!... Ce n'est peut-être pas d'une délicatesse outrée, mais, ma foi, tant pis!

Si tu veux me promettre d'être muet comme une tanche, je vais te faire part de mes découvertes. C'est en vers, mon ami! — En vers, comme dans le bon temps... mais, pour Dieu, ne va pas ébruiter la chose!... Voici :

A MA VOISINE.

Le jour où je vous vis pour la première fois
Si joyeuse et si belle,
Vos grands yeux m'ont lancé, d'un petit air narquois,
Une flèche mortelle.

Je ne vous dirai pas : Vous êtes mon vainqueur,
Car vous en êtes sûre.
Dans votre jeu cruel, vous me visiez au cœur...
C'est là qu'est la blessure!

Oui!... mais ce n'est pas tout que de percer ainsi
Un cœur d'une sagette ;
Il faut, vous m'entendez, il faut guérir aussi...
Donnez-moi la recette!

En vain vous prétendez que vous ne savez pas
Un mot de médecine,
Que nul baume ne peut nous soustraire au trépas...
— Vous vous trompez, voisine.

Moi, je suis convaincu, tant j'en ai le désir,
Qu'un seul mot de vos lèvres
— Un mot d'amour surtout! — suffirait pour guérir
Les plus malignes fièvres.

Un sourire de vous, ma chère, arracherait
Un homme à l'agonie,
Et sous vos frais baisers, un mort s'éveillerait.
Pour renaître à la vie.

Nul ne peut du tombeau prendre le noir chemin,
Alors qu'en embuscade,
A son chevet, sourit près d'Eros, médecin,
Vénus, garde malade !

Donc, blessé par vos traits, je réclame de vous
Le précieux dictame
Qui seul pourra guérir ce cœur qu'à vos genoux
Je dépose, Madame.

Mais hélas !... votre front reste sévère et dur,
Et ma voix vous implore
Sans pouvoir éclaircir en vos beaux yeux l'azur
Qui s'assombrit encore...

Certes, les femmes sont des roses ici-bas,
Et vous voulez, voisine,
Par vos refus cruels, me prouver qu'il n'est pas
De rose sans épine !...

C'est tout ! et cela sent l'ambre d'une lieue. Je ne m'étonne plus que Madame en soit toute rêveuse. Au fait, cela demande réflexion, sais-tu ?...

Au nord de ce tableau, une avalanche de *Roses*, n° 85, de M. P. Bourgogne ; à l'ouest, les *Loges de Saint-Germain*, n° 387, de M. Monfallet, comme qui dirait l'Angevine de l'endroit, et plus loin encore, du même auteur, la *Récréation*, n° 386. A ce simple énoncé, l'on s'imagine d'abord des lycéens sortis de classe ou des réservistes en train de ficher le camp du *leur*... Pas du tout!... Ce sont des marquis et des marquises, poudrés à blanc, qui prennent paisiblement le thé. Telle est cette récréation à l'huile.

Le *vieux Philosophe*, du n° 597 (Zacharie pinxt), me plaît beaucoup, malgré son aspect sombre et sévère. L'on sent là l'homme qui a vieilli, qui a vécu,... qui sait, par conséquent. — Il tient ouvert sur ses genoux un livre où les sages, ses prédécesseurs, ont entassé leurs doctrines, et laisse son regard errer vaguement au-delà des pages. L'idée est ingénieuse et profonde. Ce philosophe cherche la vérité, — cet idéal, — et c'est au-delà des hypothèses humaines que ses yeux se portent instinctivement pour la trouver!...—Beau tableau; pensée vraie.

Le n° 280 a pour titre *Passage intéressant*, et sort du pinceau délicat de M. Charles Hue. C'est une jeune femme debout, qui ne peut s'arracher à sa lecture. Il y a gros à parier que le bouquin qui la captive de la sorte n'a rien de commun avec le *Voyage du jeune Anacharsis en Grèce*. Tu me croiras, si tu veux, mon ami, il me semble que si un livre m'attachait autant que cela, je prendrais la peine de m'asseoir pour le lire. Il est vrai que j'ai des idées si excentriques! La robe de la belle liseuse est admirablement peinte. C'est un satin blanc rayé de rose dont les reflets ont été saisis et rendus de main de maître.

Les *Attributs de musique*, n° 586, de Mlle Lucie Vincent sont disposés avec beaucoup d'art et étudiés avec talent; seulement, je me permettrai de demander à quel titre le magnifique plat de cuivre repoussé, qui figure dans le groupe. peut-il bien être considéré comme un attribut musical... Serait-ce donc quelque cymbale rétrospective?... C'est une question que je pose respectueusement à messieurs les archéologues, tout en félicitant Mlle Vincent de son œuvre.

La *Tête d'étude*, n° 49, de M. Eugène Baugnies, me séduit encore moins que celle qu'il avait exposée l'an passé, et qui, si j'ai bonne mémoire, était pourtant loin d'avoir conquis mes sympathies. Cela ne l'a pas empêchée pourtant d'être médaillée d'emblée et couverte d'or par une munificence judicieuse. Tant mieux! Puisse la fortune être cette année aussi favorable à M. Baugnies. C'est la grâce que je lui souhaite!...

Mlle Angèle Dubos a envoyé au salon deux toiles, dont l'une, la *Fille du Barbier*, n° 177, est remplie de finesse et peinte avec talent. C'est tout un poème de réticences et de sous-entendus qu'il faut lire surtout entre les lignes.

Une belle fillette de 18 ans, à physionomie mutine et chiffonnée, apporte dans le plat traditionnel les instruments destinés à barbifier la clientèle de son père..... mais, avant d'entrer au salon (pardon!) elle s'arrête, soulève une draperie et regarde s'éloigner quelqu'un.....

— Qui donc ? me diras-tu...

— Eh ! mon Dieu ! que sais-je ?..... sans doute quelque beau jeune homme, celui-là peut-être dont la main téméraire vient de fourrager dans sa bavette, sous le fallacieux prétexte d'y cueillir une épingle pour rattacher son faux-col !...

Il y a là un léger désordre de costume, — détail charmant et bavard, — qui fait tout le piquant de la scène.

Le même auteur a exposé un autre petit tableau, *la Grande sœur*, 178, qui est loin d'être sans mérite.

Mlle Dubos me paraît être un fin observateur et son pinceau spirituel la sert à merveille dans l'expression de sa pensée.

Quant au n° 392, *l'Invention de la peinture*, de M. Victor-Louis Mottez, élève d'Ingres S. V. P., il a l'aimable don d'exciter chez moi la plus douce hilarité. J'ai été très-longtemps avant de me rendre un compte exact de cette composition enchanteresse ; je me suis même, pendant quelques jours, imaginé que l'Arcadien bénévole, sur lequel se vautre une femme assez mal tournée, du reste, s'épuisait en vains efforts pour embrasser son propre genou !... Puis, je me suis aperçu que ce que je prenais pour un genou n'en était pas un, mais bien une épaule... et cela m'a désillusionné complètement. Je trouvais cela bien plus drôle auparavant. Les rochers du paysage environnant me rappellent ceux des crèches de Noël où le papier gris chiffonné joue un si grand rôle. Enfin la dame de l'Arcadien en question, malgré sa posture risquée, ne trouve rien de mieux à faire pour passer le temps, que de tracer la silhouette de ce digne homme sur le talus voisin !... Et l'on intitule cela : *l'Invention de la peinture* !... C'est *l'invention du dessin* qu'il aurait fallu dire plutôt, puisque l'on tenait à donner un titre à cette création étourdissante. Il faut toujours être logique, même dans nos erreurs.

Nota. — Le chef-d'œuvre précité est hors concours.

Cela me rassure. Je tremblais déjà de le voir médaillé !...

Les *Ennuis du Châtelain*, n° 350, de M. P. Lira (l'auteur du n° 351 dont j'ai déjà parlé plus haut) ne manquent pas de valeur. On croirait d'abord à un épisode de Barbe-Bleue. Ledit châtelain a positivement l'air, tant il est sombre, de se demander à quelle solive du cabinet noir il pourrait bien accrocher sa chaste épouse ; mais les ennuis du pauvre sire ont une toute autre cause.

Monsieur avait — je le suppose du moins — organisé une petite partie intime avec quelques amis. Il se disposait donc à filer en douceur pour s'y rendre, lorsqu'un inexorable facteur rural lui a remis la lettre suivante..... de sa belle-mère :

Château d'Aigreval, ce vendredi 17 septembre 1875.

« Mon gendre,

« Vous aurez l'obligeance d'envoyer vos gens avec la calèche me chercher, ce soir même, au bourg. J'arrive m'installer chez ma fille pour y passer le restant de la belle saison. Je retiens la chambre bleue et votre petit salon sur la terrasse.

« Embrassez ma fille pour moi.

« Ctesse DE LA GRINCHARDIÈRE. »

... Et maintenant, cher ami, comprends-tu pourquoi la tristesse du châtelain n'a d'égale que celle d'Olympio ?... Pas de commentaires, n'est-ce pas ?

P. S. — Le bruit *se répand* en ville que la Mayenne en fait autant dans son lit. Cette nouvelle me paraît tellement éblouissante, que je te la donne sous toutes réserves.

VI.

J'ai reçu ta bonne lettre, mon cher ami, et te suis très-reconnaissant des sentiments affectueux que tu m'y témoignes. Je l'ai lue avec grand plaisir. Le passage où, à l'aide d'une foule de ménagements et de précautions oratoires, tu me fais part de la fâcheuse impression produite, en certains lieux, par mes écrits sur l'Exposition, m'a particulièrement amusé!

Je plains de tout mon cœur les esprits ombrageux qu'effarouche un bon mot, et qui se cabrent frénétiquement devant la plaisanterie la plus anodine. Par malheur, je ne puis rien faire pour les guérir de ce genre d'épilepsie, si ce n'est peut-être de leur conseiller un abonnement hygiénique au *Tintamarre* (16 francs par an!)

Les lettres que je t'écris, tu le sais, n'ont aucune prétention. — En m'y donnant un peu, j'aurais pu aborder la critique d'art proprement dite, car, bien que cela semble très-difficile au premier moment, rien au fond n'est plus simple.... surtout en province. On trouve des clichés tout faits pour la circonstance, à des conditions très-avantageuses; il y a même de complaisants dictionnaires qui tiennent en location un assortiment complet de connaissances spéciales, exactement comme les costumiers tiennent les travestissements, en temps de carnaval. En manœuvrant bien, en pillant çà et là avec toupet, on réussit parfois à acquérir aux yeux du public l'apparence considérable du critique influent de Murger... et ça vous pose, dans un certain monde!

Mon ambition, à moi, est tout autre. Je laisse la grande route sentencieuse et dogmatique à des jambes plus graves que les miennes, et, comme un écolier en vacances, je me jette gaîment dans les petits sentiers verts de la fantaisie... Où me mènent-ils? Je n'en sais rien... J'y trouve des fleurs, et c'est tout ce que je demande. Je fais plutôt des articles *à propos* de l'Exposition que *sur* l'Exposition même. — Nul n'est moins infaillible que moi. Je donne «*mon*» avis : pas plus! — Je ne juge pas les tableaux, je te les raconte; je ne fais pas une revue, mais une promenade; et comme beaucoup de lecteurs veulent bien m'y accompagner, je m'efforce autant que possible de la leur rendre agréable.

Après cela, que MM. A, B, C, D, etc., et tout

le restant de l'alphabet en soient ou non satisfaits, je te déclare nettement que peu m'en chaut! — Je n'empêche personne d'avoir un avis différent du mien, mais je ne vois aucun mal à avoir un avis différent de celui des autres. Je dirai plus, c'est que quand j'exprime une opinion, — si saugrenue qu'elle paraisse, — j'ai par devers moi, pour l'appuyer, des arguments que je communiquerais volontiers à qui en aurait besoin.

On n'est pas plus accommodant, comme tu le vois.

Maintenant, assez causé, et continuons notre route.

Voici, au n° 10, un joli étalage de bijoutier, par M. Eugène Accard. — C'est un charmant assemblage d'objets d'art, peints avec beaucoup de goût. Vase de cuivre ciselé, violettes, collier d'opale, ormet aux reflets d'arc-en-ciel, tout cela est parfaitement disposé et savamment rendu. J'aime moins le tableau de genre n° 9, *En l'absence de la maîtresse*, exposé par le même auteur. C'est une jeune chambrière qui a revêtu les habits de sa Madame et fait la bouche en cœur, un balai à la main. Il n'y a rien là de bien saillant.

Ce n'est pas comme dans le tableau voisin de gauche, n° 371, *une Déclaration*, par M. Bénédict Masson. — Voilà une toile qu'il est difficile d'oublier pour peu qu'on l'ait vue une fois. Elle consiste en un jeune homme rougeâtre qui, par dessus une barrière, considère avec intérêt la place occupée jadis par une chemise sur la poitrine d'une personne chlorotique, porteuse d'un panier rempli de pommes pas mûres.... (Ma phrase est compliquée, mais pas encore autant que je l'aurais voulu.)

Je ne sais dans quels excellents termes le berger en bronze déclare sa flamme à la bergère en sucre, toujours est-il que celle-ci est loin d'en rougir!... au contraire. Ce serait là, ou jamais, le cas de pratiquer une transfusion du sang sérieuse.

Rien de drôle comme les mains de ces deux personnages... Hélas! hélas!... à quoi sert d'exposer des aberrations pareilles?

Heureusement que *la Herseuse*, n° 32, de M. Alfred Auteroche, est là pour faire diversion. C'est une œuvre de valeur et qui promet pour l'avenir. M. Auteroche a fait une heureuse incursion dans le domaine si vaillamment conquis par Rosa Bonheur, dont *la Herseuse* rappelle beaucoup le genre. Si j'avais un reproche à lui faire, ce serait de n'avoir peut-être pas suffisamment fini son tableau. Il en valait la peine.

Les Soucis du maquignon en route n° 31, sont moins réussis, à mon sens. Il y a une poussière exagérée sous les pieds du cheval et du chien. Cela forme un nuage qui cache beaucoup trop de choses. Je sais bien que c'est une façon commode de se tirer des difficultés du dessin... mais je la trouve un peu trop fantaisiste et, si j'étais l'auteur, j'éviterais à l'avenir de... jeter autant de poudre aux yeux! — Si, l'autre jour, j'ai passé sous silence *l'Herbage normand*, n° 30, c'est que je savais retrouver prochainement l'occasion de dire tout le bien que je pense de M. Auteroche.

Le n° 384 est un petit paysage de M. G. Miriel, grand comme la main, mais tout à fait à ma convenance. C'est *le Phare de l'île Vierge, en Plouguerneau*. Si le Dieu qui préside aux loteries avait la bonne idée d'amener cette miniature dans mes numéros, non-seulement je serais loin de lui en vouloir, mais je saurais même qu'en lui offrant dès à présent un cierge convenable, cela pourrait avoir quelque heureuse influence sur ses décisions, je le ferais flamber sur l'heure. Malheureusement, ce moyen de corruption m'inspire peu de confiance.

M. Langerock a envoyé cette année trois paysages à l'Exposition. Celui qui m'attire le plus est le n° 313, *Rivière sous bois*, où l'artiste a déployé toutes les ressources de son magique pinceau. M. Langerock excelle à rendre ces effets de lumière dans les feuillages, ces éclaircies dans les branches qui font que ses paysages sont pleins d'air, que l'on y respire, que l'on y vit et que l'on s'y attache!... Son *Intérieur de forêt*, n° 314, est une page remplie de poésie et de fraîcheur, où le souvenir d'une belle après-midi plane comme un oiseau léger.

Quant à *Sarah la baigneuse*, je lui donnerais volontiers quelque chose pour qu'elle voulût bien consentir à aller faire sa gymnastique ailleurs qu'au milieu de la belle toile qu'elle dépare.

D'abord, cette Sarah est une fausse Sarah !.. La vraie, la seule, l'authentique, celle de M. V. Hugo enfin, se balance dans un hamac au-dessus

Du bassin d'une fontaine
Toute pleine
D'eau puisée à l'Ilissus.

Or, celle-ci est prosaïquement assise par terre, à côté d'un cours d'eau quelconque, et, levant les bras à une hauteur telle qu'elle en divulgue ses secrets les plus touffus, s'amuse à faire des grimaces à une branche qu'elle a empoignée !... Eh bien, vrai !... ce n'est pas là une Sarah sérieuse, et si j'étais M. Langerock, maintenant qu'elle s'est lavée comme il faut et que ses exercices sont terminés, je lui flanquerais un coup de brosse soigné... et ce serait fini.

— Des personnages comme celui-là, disait l'autre jour le neveu de ma tante, *ça ra*petisse une œuvre ! !...

Horreur !... et dire que je suis parent avec cet être-là ! Enfin...

Une des toiles du salon que je considère

comme les meilleures est à coup sûr le n° 106, *Un Orchestre de noce, en Auvergne*, de M. Jean-Louis Charbonnel, dont l'ancienne *Pensionnaire de Cluny* a défrayé mes plus doux rêves, pendant je ne sais plus combien de nuits. C'est une œuvre pleine d'originalité, de talent et de verve. Tous les types y sont francs et nets. Comme peinture, la hardiesse des touches et la vigueur des tons témoignent chez M. Charbonnel d'une grande sûreté d'allure.

Je ne puis résister au plaisir de te raconter un peu cette toile rabelaisienne où la *purée septembrale* enlumine si splendidement les trognes !

On est en pleine noce. On a dîné d'une façon pantagruélique. Les estomacs repus faisant les consciences pures, on se dispose sans remords à danser la bourrée traditionnelle. — Chacun est en place, et les couples s'accrochent à la ronde. — Telle est à grands traits cette partie du tableau que personne ne voit, mais qui y est tout de même, je t'en réponds.

Et maintenant, en avant la musique !

C'est alors que l'orchestre va faire merveille... et quel orchestre, mon ami !

Quatre Auvergnats solides, armés d'immenses binioux et munis de poumons à rendre des mètres cubes à ceux d'Eole, empereur des bourrasques !...Tout cela souffle en conscience... Balancez vos dames ! Et voilà la danse partie pour longtemps.....

Mais les gosiers s'altèrent à la longue, les langues se dessèchent ; tout cela a besoin de s'humidifier d'une façon notable. C'est alors que commencent d'incessants dialogues avec les fioles au large ventre. — L'aubergiste charroie les verres, tandis que le moutard qu'elle a sur les bras fait tout son possible pour renverser une bouteille de gros-bleu, et semble se complaire à ce jeu de haute adresse.

Pendant ce temps-là, le chef d'orchestre — un type vivant ! — s'arrête une minute pour prendre haleine. — Sa pipe est éteinte.... son biniou est plein de vent et il peut jouer quelque temps des doigts sans faire un nouvel appel à son soufflet intérieur. Il en profite donc pour promener à la ronde un regard tendrement humide, tandis qu'un de ses musiciens, la tête appuyée sur la table, compte des mesures innombrables, en ronflant comme une bombarde de seize !

Bah !... Cela ne fait rien à la chose et l'ensemble n'en est que meilleur. Il reste encore deux virtuoses en bon état, plus le chien qui s'est mis gratis de la partie !... C'est plus qu'il n'en faut pour que tout marche. — Hardi donc, et en avant les quatre-z-autres !... fouchtra !!!

Cette scène est bien vivante.

Je te la recommande particulièrement.

Mlle Salançon, dont je t'ai déjà fait l'éloge, a exposé dans ce même panneau, au n° 466, une *petite Glaneuse*, jolie comme les amours.—

Voilà de la peinture comme je l'aime : expressive et pas poseuse...; la nature vue par les yeux d'une véritable artiste.

Ici, je *re*-trouve au *re*-numéro 344, un *re*-maître Corbeau !... Encore !.. Ça fait le second depuis huit jours ! Ah ! ça, catalogue, mon ami, qu'avions-nous donc dans la cervelle cette année ?... Vous aviez moins de besogne que l'an passé, et m'est avis que vous ne vous êtes pas foulé outre mesure pour assurer à votre classification cette rigueur qui lui eût été cependant bien indispensable. Je m'aperçois que, grâce à vous, j'ai déjà commis nombre de bévues grand module qui, jointes à celles de mon crû particulier, portent mon actif en ce genre à un chiffre assez respectable. — Si les cochers ne connaissaient pas mieux les numéros que vous, ô catalogue de mon cœur, ces beaux messieurs de Bois-Doré ne pourraient plus jamais leur confier la mission délicate d'aller mettre leur fiacre aux pieds de la beauté sur laquelle ils ont jeté leur galant dévolu !...

Donc, ô catalogue bien-aimé, si grâce à vous je me trompe derechef d'ici à la fin de mes lettres, je déverse dès à présent sur votre dos officiel la réprobation dont je serai l'objet de la part des gens méticuleux. C'est entendu !

Quelques mots maintenant pour terminer cet interminable panneau. Il est temps d'ailleurs que je finisse. Ma vue est fatiguée, et j'ai peine à présent à bien voir les objets. Ainsi dans le n° 224, de M. d'Evry, sauf une grosse lune jaune et un petit loup brun, je ne distingue positivement plus grand'chose. Je serais donc exposé à n'énoncer désormais que des inepties... et Dieu sait combien il pourrait m'en cuire !... Ce serait de quoi achever de me couler dans l'esprit même de mes meilleurs amis ! Aussi, je préfère arrêter les frais, et m'en aller suivre le doux exemple de l'enfant du n° 555, qui dort là-haut, dans son coin, du sommeil du juste...

Autant que j'en puis encore juger dans l'état où je me trouve, cette peinture de Mlle Véronique Blanche (... il y a aussi des véroniques bleues...!) me paraît très-bonne.— Le bébé un peu maigrelet, assoupi sur son coussin rouge, est étudié et peint avec soin... — En outre... le coloris... et... la.....???

Décidément, je bâille à m'en désarticuler la mâchoire !

Ah ! mon ami, quelle bonne chose que le sommeil, et comme l'on s'y retrempe bien après les travaux et les luttes de la vie ! Quelle superbe invention que celle qui permet au débiteur d'oublier son créancier, au gendre de rêver de sa belle-mère, et à ton humble serviteur de ne plus se rappeler que nous voilà tout à l'heure au 25, et qu'il n'est encore qu'à moitié de sa besogne !

O sommeil ! père des songes, refuge des infort.....

.... — Je suis persuadé qu'il y a des poëtes latins qui ont dû faire des vers là-dessus dans leur temps. — Je regrette de ne pas les avoir sous la main... il me semble que cela me déciderait à souffler ma bougie tout de suite...

Tu vois... je te parle encore... — Eh bien, tu me croiras si tu veux, voilà cinq grandes minutes que je suis de l'autre côté !

P. S. — En ce moment-ci, j'ai le cauchemar. Je rêve qu'une crue formidable de la Mayenne vient d'emporter la turbine à tous les diables !...

.... Je voudrais bien me réveiller.

VII.

.... Ceci se passait bien longtemps avant Jésus-Christ. — Une femme, belle entre les plus belles, douée de toutes les grâces de l'esprit, de tous les charmes du corps, comblée de toutes les gloires, s'asseyait un soir, l'âme pleine d'amertume et de deuil, au sommet d'un rocher, sur les bords de la mer.....

Là, laissant ses yeux baignés de larmes errer une dernière fois sur l'immensité bleue, refaisant par la pensée cette route du vieux temps, toute fleurie de souvenirs d'amour;... rêveuse et résignée, elle attendait le moment de mourir!

..... Elle aimait éperdûment, comme savent aimer les poëtes; mais son amour était dédaigné. De là, le dégoût d'une existence désormais misérable, et le besoin d'oublier dans la mort.

Lorsque les étoiles commencèrent à paraître

aux cieux, cette femme se leva et se jeta dans les flots.

Elle s'appelait Sapho et était native de Mitylène.

. . . .

Je te demande bien pardon, mon cher ami, de ne pas t'avoir donné le bonjour en commençant ma lettre, mais j'étais tout occupé à me rappeler cette histoire navrante, devant laquelle beaucoup passent indifférents, et qui m'a toujours ému d'une manière profonde. C'est un des exemples les plus frappants de cette fatalité qui poursuit certains êtres, au milieu même de ce que le vulgaire appelle le bonheur, et contre laquelle toute lutte est inutile.

Imagine-toi que je te raconte toutes ces choses décousues à propos du n° 336, *Sapho*, peint par l'un des deux rois de Macédoine, qui ont exposé au Salon cette année. Il y a en effet deux Alexandre Legrand parfaitement distincts dans le catalogue. L'un, domicilié à Paris, a pour spécialité de noyer les bas-bleus de l'ancien temps ; l'autre, notre concitoyen, est lancé dans le gibier. J'aurai du reste occasion de t'en parler plus tard.

La Sapho en question, si je me souviens bien, m'a paru consciencieusement étudiée. Le même Alexandre Legrand a exposé aussi une fort jolie toile, au n° 335, *une bonne Nouvelle*.

Les vêtements y sont particulièrement bien

traités. Maintenant, il faut croire que la nouvelle, en elle-même, n'est pas si bonne que le titre veut bien le dire, car les deux dames qui lisent leur lettre ne me font pas l'effet d'être d'une gaîté folle, il s'en faut!... Après tout, c'est peut-être l'annonce de la mort d'un oncle à héritage qu'elles viennent de recevoir;..... comme cela, tout s'explique. C'est une de ces bonnes nouvelles qu'on est obligé d'apprendre d'un air désolé. Décidément, je suis un profond analyste!

Le n° 585 est un paysage de M. Fortuné Viguier, représentant les *Environs de Digne*.

Dussé-je, une fois encore, me faire entreprendre par les judicieux Aristarques qui veulent bien blaguer mon inexpérience, je me permettrai de déclarer que je trouve le feuillé des arbres dudit tableau trop pâteux, qu'il n'y a pas d'air dans les branches, que l'ensemble manque de profondeur, et qu'en définitive j'aime mieux autre chose!

Maintenant, mon ami, regarde aux portes s'il n'y a personne et écoute-moi bien :

Ceci est un des perfides traquenards que je tends depuis quelque temps aux fins connaisseurs, et ce au profit des peintres.

Vois un peu comme c'est puissamment machiné :

Admettons en principe que je n'entende rien à la peinture et que ces messieurs y entendent tout; — du moment que je prône un tableau, il ne leur reste logiquement qu'à l'éreinter. Est-ce clair?

Si, au contraire, j'en fais fallacieusement la critique, leur devoir est de le porter immédiatement aux nues.

Or, venant de ma part, l'éloge ne signifierait pas grand'chose; de la leur, il a une portée incommensurable, et cela se comprend.

Saisis-tu mon système? Par des voies détournées, j'en arrive à mes fins. Je sème de fausses épines, et, grâce à moi, les artistes récoltent de vraies roses!... J'ai encore cet avantage de ne pas payer le fleuriste.

Tu sais, ceci est une confidence tout intime, si tu venais à en abuser, je ne te reverrais de ma vie.

Il s'agit maintenant d'éplucher rapidement les deux panneaux du fond.

Voici d'abord un n° 595 et un n° 596 où je trouve les deux mêmes personnages, dans des situations à peu près identiques. L'un s'appelle *le premier Chant*, l'autre *la Chanson du pays*. Jus vert ou vert jus, blanc bonnet ou bonnet blanc, il n'y a pas là de quoi prendre parti pour l'un plutôt que pour l'autre.

Je me désintéresse donc généreusement de la question, pour examiner *les Objets de fête*, n° 450, de Mlle Valentine Romane, que je trouve fort joliment peints. Je regrette, à ce propos, que ma fête soit passée depuis bientôt un mois, parce qu'en disant ici beaucoup de bien de cette toile, j'aurais mis les personnes dévouées, qui célèbrent le 25 août à mon intention, dans la douce nécessité de m'en faire l'hommage. Quelques bégonias accompagnés de fougères dans un joli vase en cuivre repoussé, une rose dans une faïence à long cou, un éventail et un charmant bouquet enveloppé d'une dentelle de papier, tout cela forme un élégant ensemble.

Le Dessert, n° 448, du même auteur, fait ouvrir aux bébés qui passent des yeux indescriptibles !... Des pommes, des fleurs, un café avec son demi-verre de fine champagne, des brioches, des noix, des éclairs, des chaussons, des pains de la Mecque (Je parle le langage technique !), tout est groupé de manière à ébranler les vertus les plus solides !... Les langues de six ans et au-dessous s'en tirent longues comme cela !

Au-dessus de ces succulences, je remarque au n° 428 le portrait de l'ancien maire de Laval, M. Charles Toutain, peint par M. E. Placé.

Si quelqu'un est mal habile à manier l'encensoir, c'est à coup sûr celui qui écrit ces lignes. Je n'ai jamais pu me rompre à ce genre d'exercice qui vous fait cependant bien voir d'une foule de gens à nez délicat. — Avec un ami, les procédés d'un thuriferaire seraient non-seulement ridicules, mais même bêtes. C'est pourquoi je parlerai franchement à M. E. Placé.

Je le féliciterai d'abord de la conscience qu'il met à travailler ses œuvres, de son visible désir de bien faire, de ses rapides étapes sur la route du progrès. Le portrait qu'il a exposé a des qualités sérieuses, des parties fort bien étudiées (la main gauche par exemple) ; l'ensemble est même traité d'une façon satisfaisante, mais je ne puis oublier que ceci est un portrait, et c'est sur ce point essentiel que va porter toute ma critique.

Donc, passe-moi une chaise et parlons raison une fois par hasard. La chose en vaut la peine.

Je n'appelle point portrait la reproduction géométriquement exacte des traits d'un individu. La photographie qui atteint mathématiquement ce résultat fait, à mon sens, très-peu de portraits vrais, dans l'acception particulière où je prends ce mot. — Quand elle en produit un, par aventure (voir celui d'un des *Membres du jury* n° 195) on peut dire que c'est une exception rare.

Cela tient à une cause très-simple, que beaucoup ignorent et qui va peut-être te faire bondir tout d'abord, c'est que nous ne nous ressemblons pas toujours à nous-mêmes !... Pris à divers instants de la vie, nous avons des expressions toutes différentes de notre *expression moyenne*, qui est la seule vraie.

Ainsi, par exemple, si venant de lire le *Pays* ou de rencontrer l'épouse de ton beau-père, tu t'en vas poser devant un objectif, tu auras certainement une tout autre binette que celle que tu aurais, si tu venais d'apprendre qu'il t'est tombé un gros lot, ou que la turbine dégrève ses abonnés en raison du chômage qu'ils ont subi.

A mon sens, le portrait d'une personne doit en être la *synthèse*. Le but principal du peintre doit donc être de faire d'abord *l'analyse* de son modèle, puis de chercher non-seulement la reproduction exacte de ses traits, mais encore et surtout sa résultante psychique.

Il lui faut trouver cette expression normale qui résume en elle toutes les autres, et qui est, à proprement parler, la véritable physionomie. — C'est une difficulté sérieuse que bien peu savent vaincre, même parmi ceux qui ont pu connaître les individualités qu'ils ont peintes. Elle devient quasi insurmontable pour l'artiste qui tente de faire revivre un modèle disparu. M. E. Placé s'est donc trouvé dans des conditions essentiellement défavorables à son entreprise ; il n'a eu pour se guider qu'une photographie déjà défectueuse par elle-même, et de plus à demi effacée par le temps. Son œuvre devait fatalement s'en ressentir.

Certes, ce sont bien là les traits de M. Toutain, la reproduction en est-même à peu près fidèle, mais il y manque ce je ne sais quoi qui fait vivre la toile et empoigne le spectateur. — Quiconque a connu l'ancien maire de Laval cherche en vain sur ce grave visage cette expression indéfinissable qui résumait l'homme, et qui ne se retrouve ni dans le tableau de M. Placé, ni dans celui de M. Dauban que l'on voit à l'hôtel de ville.

M. Placé a également exposé au n° 429 un beau fusain traitant le même sujet. Je le préfère à son huile.

En somme, M. Placé est un de ces vaillants travailleurs au succès desquels je serai toujours heureux d'applaudir, et bien que dans la circonstance, je ne puisse donner à son œuvre une approbation sans réserve, je me suis fait un plaisir, je dirai même un devoir d'en signaler les solides qualités.

. . . .

Ah ! ! ! ! ! et maintenant, mon bon, si tu crois que c'est amusant d'être sérieux pendant près d'une colonne, tu peux te flatter de patauger crânement dans les marais de l'erreur, comme on dit dans le grand monde !...

Il n'y a pas de chose qui m'ennuie plus que les dissertations artistiques, mais je tenais à te bien faire saisir ma pensée, et pour cela, j'avais besoin de pérorer d'une façon plus didactique que de coutume. Heureusement qu'il n'y avait aucun amateur sérieux à m'entendre, sans quoi le cher homme aurait pouffé, pour sûr, de manière à s'en faire craquer la baudruche !...

Avec tout cela, je n'avance guère dans mon

chemin. — Voilà justement une *Laurina*, n° 447, de M. Louis Robin, qui me regarde sous ses pampres verts, d'une façon tout à fait provocatrice... histoire de m'arrêter encore. .... Elle a positivement l'air de m'engager à lui dire quelque chose d'agréable, à lui décocher par exemple quelque madrigal bien senti. Au fait !... avec un nom comme le sien, on est bien en droit d'inspirer les ménestrels du dix-neuvième ! — Laurina !... un vrai nom de bien-aimée ! Allons-y donc de nos quatorze rimes !

Ni l'oiseau qui gazouille au bois,
Ni le parfum qui s'évapore,
Ni le frais réveil de l'aurore,
Ni le son lointain du hautbois,

Ni l'Angelus des noirs beffrois
Dont le timbre étrange et sonore,
En mon cœur pensif fait éclore
Tous les souvenirs d'autrefois,

Ni l'odeur suave des plaines,
Ni le bruit des claires fontaines
Qui se bercent sur les cailloux,

Ni ton chant, ô brise embaumée,
Rien au monde, rien n'est si doux
Que le nom de la bien-aimée ! !

.... Tu sauras que ce morceau de litanies est composé à l'usage exclusif de tout le monde. Chacun peut s'en servir pour son propre compte. Que la belle se nomme Clorinde ou

Rosalie, Dorothée ou Suzanne, Aglaé ou Titine, ça ne fait exactement rien.

Le nom de la femme aimée étant toujours le plus doux, mon sonnet convient à tous, comme à toutes.

P. S. — La turbine vient de reprendre son service avec une furie telle, qu'elle menace maintenant de tout inonder.

La nuit dernière, le vieil abonné du *Constitutionnel* qui avait commis l'imprudence de laisser son robinet ouvert, a été inopinément surpris par les eaux et noyé en un clin d'œil sous ses couvertures. — On l'enterre la semaine prochaine, à trois heures.

L'administration hydraulique va, dit-on, être condamnée par les tribunaux à faire une pension au concierge de la victime. — En vérité, ce n'est que justice !...

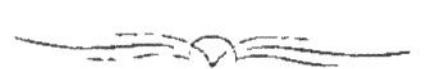

VIII.

Mon cher ami,

Il faut absolument que j'en finisse avec ce grand diable de salon carré dans lequel je me démène depuis tantôt trois semaines sans venir à bout d'en sortir. J'ai encore tant de choses à examiner, tant de choses à décrire, que je n'aurai jamais le temps de tout faire, et cela me désole. Je sens même que je me décourage petit à petit, et je suis presque tenté de te dire, comme disait cette femme à son mari, en contemplant l'énorme ménage qu'elle avait à faire :

— Pardieu ! mon bonhomme, voilà trop de besogne !... Asseyons-nous et jouons aux cartes !

Cette manière de trancher la difficulté accommoderait fort ma paresse... mais, puisque j'ai commencé, je veux finir et rondement.

Regarde un peu fonctionner mon télégraphe :

SERVICE DES DÉPÊCHES.

N° 527.— *Au bord de la mer*, auctore Victor Tortez. — Moutard maigre, assis sur grève ; s'amuse avec crabe. — Oublié caleçon de bain. — Grand besoin prendre toniques. — Avalera matin et soir, trois ou quatre pilules suivantes :

Limaille de fer porphyrisée. 4 grammes.
Extrait d'absinthe. . . . q s.

F. S. A. Trente-six pilules.Consultation gratuite.

Adoration, n° 490, par Mlle Honorine Selin. — Jolie tête extatique de religieuse à voile noir. — Aspire visiblement au ciel. — Déjà nimbée en sainte.

N° 525. — *Intérieur d'atelier*, de Mlle Cécile Thorel. — A été gratifié rondelle de bronze par jury. — (Incline-toi quand prononce le mot jury !) — Vieil artiste fouille dans cartons pour retrouver souvenirs. — Rencontre seulement note tailleur pas acquittée. — Referme boîte. — En a assez.

N° 403. — *Bateau à sec*, par Jules Noël, déjà nommé. — Me rappelle porte-monnaie en temps d'écourues quand turbine aurifère détraquée.

N° 290. — *Italienne endormie*, par François Lafon. — Médaille argent 1re classe. — Fort jolie étude justement récompensée par jury.

N° 465. — Autre Italienne *au-dessus* de la précédente. — Se nomme *Rêverie;* est peinte par Mlle Salançon. — Jury lui a rien donné, pas même bouton de culotte. — Moi, pas chiche, lui fais cadeau sonnet, pour consoler.

A LA RÊVEUSE.

Dans mes rêves secrets, j'ai vu passer parfois
Une apparition d'une grâce infinie,
Un être radieux d'amour et de génie.
Beau comme le printemps qui sourit dans les bois.

Il me parlait avec une si tendre voix,
Que les oiseaux de l'air n'ont pas tant d'harmonie ;
Mais lorsque je voulais toucher sa main bénie
La chère vision s'éteignait sous mes doigts.

Ah ! disais-je en pleurant, l'idéal fuit la terre,
Et dans les cieux profonds, à l'ombre du mystère,
Il cache à nos regards son visage si doux...

Je me trompais, Madame, et mon erreur s'achève,
Car mes yeux éblouis, en se fixant sur vous,
Ont enfin rencontré l'idéal de mon rêve !...

... Et maintenant, pas d'observations! — sommes pas ici pour nous amuser!

N° 313, Catalogue dit : *Finay et Lorma*. Catalogue bat breloque. C'est *Finan et Lorma* qui est nom véritable. — ... Sais pas ce que c'est que Finan et Lorma?... à ton âge?... Où donc as fait tes études, malheureux?... — Finan et Lorma sont enfants de Murno, lequel était fils d'Ardan, domicilié à Dunalva. — Finan va chasser dans île Cròma, avec chiens. — Le soir, s'en revient dans barque, chavire, boit bouillon sérieux et est jeté par mer dans bras de sa sœur Lorma qui, au lieu de filer prudemment, se lamente sur frère et boit bouillon aussi.

Affaire de famille déplorable.

Cadavre de Finan pas millionnaire comme perspective.

N° 273. — *Portrait de Treha*, mauresque, par A. Hirsch. Adorable brunette à rayures vertes, coiffée d'étoffe violette, tient petit babouin dans bras. — Très-bonne peinture. — A. Hirsch avait exposé *femme Blidah*, race durham, primée au concours année dernière.

. . . .

Quelle admirable chose, mon ami, que ce style télégraphique, et comme je suis heureux de pouvoir m'en servir en ce moment-ci. Il y a cinq minutes que je suis parti, et en deux enjambées j'ai déjà fait un chemin énorme. Je vais aborder maintenant de la même manière le grand panneau qui me reste à parcourir, et tu vas voir que cela va aller plus vite que les travaux du quai !...

Je reprends le manipulateur :

N° 588. — *Paul et Virginie*, par Voillemot. — Occupés à égrener miettes de pain bis. — Dérangeons pas :

> Aux petits des oiseaux ils donnent la pâture.. ..

..... Et ma bonté s'étend... jusque sur la nature... morte du n° 136, que trouve pas laide — Est brossée par Couder. — Crains pas les *coups d'air* comme celui-là. — M'en enrhumerais même volontiers !

Après *Couder*,... *Coup de vent*, n° 76, de M. Ch. Bombled. — Lanciers surpris dans neige par bourrasque. — Coups de pinceau furibonds, flanquent blanc d'argent dans fesses à chevaux. — Trop d'effet, seigneur, trop d'effet !

N° 294. — *Poste restante*, par La Halle. — Etude mœurs très-réussie. — Jeune dame sournoise s'en va angle rues Pagevin et Coq-Héron retirer lettre chérie, à timbre jaune... — ou bleu ! — Pas demandé permission à monsieur grognon qui trouvera demain Porte-Saint-Denis trop basse...! — Factionnaire facétieux lorgne madame. — Cocher philosophe ajoute nouveau chapitre à « *Mémoires d'un fiacre...* » et fait flamber pipe.

N° 671. — *Paysage*, par M. Bernier. — Belle toile bien agreste. Magistralement traitée. — Prix du ministère.

Moi, pas jury du tout (au contraire), mais décerne tout de même à ami Bernier, *Grand prix de rhum* pour buffet où public a trouvé toujours consommations premier choix, et où trinqué plusieurs fois à ta santé !

N° 583. — *Mauvaise nouvelle*, de M. Viger. —

Toujours femme costume empire, genre *quêteuse*, an passé. — Bonne peinture, mais perspective déplorable. — Puisque au bout de treize marches, personnage second plan paraît si petit, serais obligé prendre microscope pour l'apercevoir, si était seulement perché au 1er étage.

Corinne, du même, n° 582. — Encore même personne agrandie. Exhibe les trois quarts de son calendrier (!) mais a perdu avant-bras gauche... — Récompense honnête à qui rapportera.

N° 1, par Abraham Tancrède. — *Paysage* dont numéro d'ordre coïncide parfaitement avec celui de valeur artistique. — Tel homme est nécessaire parfois pour rétablir dans jury, équilibre notablement compromis.

. . . .

Je ne sais pas, mon ami, si la lecture de ma lettre te produit le même effet que me fait éprouver sa composition... J'en suis tout essoufflé ! — Ce langage abrégé vous fait aller si vite que c'est à peine si on a le temps de se reconnaître. Par ma foi, voilà assez de télégraphie pour aujourd'hui. Je vais terminer ma ronde en flânant pour me remettre.

Scribe avait tout de même joliment raison de dire, dans *Robert le Diable* :

Ah ! *Laure* est une chimère, etc., etc.

C'est une réflexion qui vous vient naturellement à l'esprit quand on jette les yeux sur le n° 266, de M. E. Guillon.

La Dulcinée de Pétrarque est attifée d'une façon si bizarre, et le poëte lui-même, avec sa jambe rouge et sa jambe verte, a un air si profondément cocasse que j'en suis resté tout abattu depuis l'autre jour!

Pauvre Pétrarque !... Pauvre Laure !... dans quel vestiaire a-t-on été dénicher vos hardes?..

Le n° 212, de M. Albert Edouard, est une peinture de valeur réelle; seulement son titre, *la Méditation*, me semble lui convenir assez peu.

C'est une jeune dame qui détourne la tête de son livre, mais son regard loin d'indiquer la rêverie, semble plutôt chercher par la fenêtre, quelque beau cavalier caracolant sous son balcon.

J'aime mieux la *Venise* du n° 594 de M. Willemech, avec ses eaux transparentes et nacrées que la Venise dont je t'ai parlé l'autre jour, où l'on voit des propriétaires grincheux en train de *suriner* d'innocents locataires. — Ça me réconcilie avec cette charmante ville si bien chantée par de Musset.

M. Velay a exposé plusieurs toiles que j'ai signalées précédemment à ton attention. — Je n'ai jamais constaté nulle part de progrès plus réels et surtout plus rapides que les siens. — C'est à n'y pas croire, ma parole d'honneur! —

Son paysage n° 546, *Les bords du Mondony* est simplement magnifique, dans toute la rigueur du terme. — Sa couleur d'une sobriété et d'une harmonie de ton remarquables, sa perspective profonde et pleine d'air, en font une œuvre d'une valeur incontestable. Le n° 547 est à peu près dans le même cas, bien qu'en second ordre à mon avis. -- Je ne sais si cela tient au sentiment affectueux que je professe pour leur auteur, mais le fait est que depuis l'ouverture de l'Exposition, ces deux toiles m'ont tellement attaché que ce n'est qu'hier, en examinant le travail du jury, que je me suis aperçu qu'elles étaient hors concours. — J'aurais dû pourtant m'en apercevoir plus tôt, puisque M. A. Velay fait lui-même partie du jury d'examen.

Au n° 515 se trouve un *Intérieur de charcuterie*, de M. Tessier.

Ici, si cela ne te gène pas, j'ouvrirai une parenthèse.

L'an passé, les harengs saurs, les échalottes et les melons firent positivement irruption aux Galeries de l'Industrie. Pas le moindre panneau, pas le plus obscur recoin qui n'eût son *gendarme* et sa gousse avec deux ou trois cantaloups. Je me demandais ce que signifiait cette avalanche de comestibles indigestes. — Cette année, c'est la charcuterie qui tient le haut du pavé à l'Exposition. On s'y livre un peu partout à la confection des cervelas et des andouillettes, et l'on étale complaisamment aux yeux du public les mystères les plus intimes de la triperie. J'avoue qu'en ce qui me concerne, j'aimerais autant voir les artistes dépenser leur huile à autre chose qu'à nous dépeindre les séductions du saindoux. C'est de l'art... culinaire peut-être; mais il me semble que ce n'est que cela... et l'on pourrait demander mieux.

Le tableau qui me suscite ces réflexions est d'un réalisme que je qualifierai de dégoûtant.

Au premier plan, un charcutier court, mais convaincu (quelle drôle d'académie, mon Dieu !), joue délibérément du couperet sur un malheureux porc qu'il vient d'assassiner dans sa cour. Une femme (?) son gracieux acolyte sans doute, farfouille poétiquement dans un baquet rempli d'aimables viscères, tandis qu'un petit chien (Veuillot te le donnerait pour un radical !) lèche le sang que le cadavre laisse tomber goutte à goutte dans un plat de terre. Détails exquis !! — Pendant ce temps-là, tout à fait dans le fond, un facétieux employé se paie l'innocente distraction de gonfler d'air la vessie du défunt, pour en faire un falot, malgré le sage proverbe qui conseille cependant de ne jamais prendre des vessies pour des lanternes !... Enfin !

Eh bien ! tu me croiras si tu veux, jamais je ne pourrai admettre ce genre de peinture-là et je ne suis pas le seul.

Cela n'a pas empêché le jury d'accrocher un jeton de bronze au n° 52 de M. Beauverie, lequel représente justement une *charcuterie* surmontée d'un météore rouge qui a la prétention de personnifier le soleil ou la lune, — je ne sais pas au juste, — par un temps de neige.

Inutile de te dire qu'en cette circonstance le jury lavallois a donné une nouvelle et écrasante preuve de la vérité de ce vieil adage latin : *Errare humanum est.* (En français : se fourrer l'index sous la paupière !) — On ajoute souvent : *Perseverare diabolicum!* mais avec notre jury, ce serait hors de saison. — En effet, il ne s'obstine point outre mesure dans ses décisions et les modifie même de temps à autre, avec un abandon plein de charmes. Ses travaux sont toujours suspendus, jamais terminés. Aujourd'hui, il bronze une locomotive, demain une académie, après-demain un portrait au crayon; plus tard, ce sera autre chose ; espérons-le, ô mon Dieu ! — Cela dépend d'une foule de circonstances compliquées que j'ai notées avec grand soin, et dont je t'entretiendrai peut-être à la fin de mes lettres.

Après tout, où donc est le mal ?... et à quoi bon récriminer ?... ne vaut-il pas mieux que tout se passe en famille ?... On crie que le règlement est méconnu, que la Constitution est violée !... Eh ! Seigneur tout puissant, règlements et Constitutions, quels qu'ils soient, me semblent à moi, n'avoir été créés et mis au monde que dans ce but suprême ! (Voir l'histoire moderne) et je trouve qu'en agissant comme il le fait, notre brave jury provincial ne s'écarte point sensiblement des voies habituelles de l'humanité.

A propos du jury, il faut au moins que je t'en donne la composition pour te tenir la conscience en repos.

Voici donc la liste officielle :

MM. d'Evry.
Marcel de Pignerolles.
Abraham Tancrède.
C. de Chalais.
A. Velay.
Auguste Morin.

..... Après cela, il ne me reste plus rien à te dire.

P. S. — A louer partout :

Un rez-de-chaussée inondé par la turbine.— Il est assidûment rempli d'une eau filtrée (nouveau système) qui contient à peine six anguilles et vingt-cinq goujons par mètre cube.

Entrée en jouissance immédiate pour les locataires munis de scaphandres perfectionnés.

IX.

Dût ton serviteur mourir à la tâche, mon cher ami, le salon carré va être décidément exécuté aujourd'hui.

D'ailleurs, je te déclare que ne me couche pas que ce ne soit fait. Où en étions-nous restés la dernière fois?... à la charcuterie, je pense; nous touchions au *port*... (Grâce!) — Je continue :

Le chemin du Marché, n° 494, par M. Antony Serres (Comment va la petite de l'an dernier?), représente une belle fille montée sur un âne, orné de son cacolet. Elle conduit des moutons à la foire. Le chien fait la police dans le pensionnat à quatre pattes, tandis qu'un dodu papa, cascamèchement coiffé, trotte sur un second baudet derrière son héritière. On sent que le bonhomme songe à marier sa Perrette et que, tout en cheminant, il épluche une collection de gendres assortis. — La route est pleine de taches de soleil et de reflets printaniers. C'est joli et bien peint. — Médaille d'argent de 2e classe.

Le n° 230, *Lisière d'un bois de pins à Pornic* (beurré par M. Paul Flandrin, élève d'Ingres et hors concours) me plonge dans une douloureuse stupéfaction.

En croirai-je mes yeux?... comme on dit chez Racine, quand il y a un fort épatement à la clef. Quoi donc? Ces pins à troncs roses, phénoménalement ondulés, ces deux coursiers apocalyptiques, l'un blanc, l'autre rouge, enfourchés par un écuyer d'occasion, ces moutons fantastiques et ce cobalt cruel à l'horizon, tout cet ensemble inimaginable est l'œuvre d'un vrai peintre, et c'est hors concours, par dessus le marché!...

En vérité, c'est à en offrir respectueusement sa langue à tous les caniches du département!

Et *les Souvenirs du château de Saint-Privat*, du même auteur... Je te les recommande aussi, ceux-là, par exemple,... ils en valent la peine...

Après tout, si l'on tient absolument à ce que ce soit beau, ça m'est parfaitement égal, et j'aime mieux le proclamer tout de suite que de me voir chercher des raisons pour cela

A chaque fois que je vais à l'Exposition, je me fais un bonheur incroyable avec une toile grande comme deux doigts, que personne ne regarde, et que je crois n'avoir été placée là que pour ma jubilation particulière. C'est le n° 90, *Promenade dans le parc*, de M. John-

Lewis Brown. Il n'y a que les Anglais pour avoir des idées pareilles. Imagine-toi trois petits cavaliers de plomb peinturlurés, exécutant un steeple-chase fabuleux au beau milieu d'un fard à l'oseille des plus réussis ; le tout dans un gros cadre extra-doré. — Rien d'amusant comme cette bamboche !... Quand tu la montreras à ta petite fille, elle en poussera des cris de joie. — Moi, je me retiens à quatre pour n'en pas faire autant, à cause du monde qui passe !

Le n° 263, de M. Gaignard, représente un *Soleil couchant*. Je ne sais plus à quoi j'ai pensé quand je suis passé devant ce tableau ; le fait est que je ne l'ai point annoté à mon catalogue et que je serais, ma foi, bien pendu pour te dire ce qu'il est. Ça ne doit cependant pas être la première huile venue, car son auteur a été médaillé, par notre jury, pour une autre toile, *Eclaireurs en fuite*, n° 261, qui sont de l'autre côté.

C'est une composition bizarre, mais où le talent ne manque certes pas. Il y a beaucoup de mouvement dans cette fuite éperdue de deux ulhans, dont l'un vient d'être tué, et galope encore attaché à sa selle, avec les hideux gestes disloqués d'un cadavre. — La neige est épaisse et sinistre !...

... A ce propos, une simple observation :

Comment se fait-il qu'en piétinant avec une semblable énergie sur cette neige, les sabots des chevaux ne s'y enfoncent pas même d'une ligne?... Regardez et répondez !

Ceci est un contre bon sens flagrant, et j'aime à croire que ce n'est pas ce détail qui a le plus frappé le jury d'examen... — C'est pourquoi je le lui soumets avec respect.

Notre compatriote M. Theuvenot a exposé diverses *natures mortes* qui, toutes, témoignent chez leur auteur d'une délicatesse de pinceau remarquable. — Ces bouvreuils, ces pinsons, ces fauvettes accrochés à leur clou par un simple fil, sont d'un fini extraordinaire et aussi d'une grande vérité. — Quelle patience et quelle finesse de touche ne faut-il pas pour atteindre un résultat pareil? — M. Theuvenot a également exposé une *Vue d'Avesnières par un clair de lune*, n° 523, qui ne manque pas non plus de valeur. Je n'en veux qu'à l'astre qui l'éclaire et auquel je dirais volontiers, comme de Musset :

> Es-tu rien qu'une boule,
> Qu'un grand faucheux bien gras
> Qui roule
> Sans pattes et sans bras?

J'espère que M. Theuvenot, tout en continuant le genre de nature morte où il excelle, ne tardera pas à se lancer dans une autre voie et à nous révéler une nouvelle face de son beau talent. Pour mon compte, voici mes deux mains, toutes prêtes à l'applaudir!

Au n° 394, je te signale une *rue de Vaux*, au Mans, par M. Louis Moulin. Elle a un cachet particulier et contient des parties fort joliment étudiées, ma foi. — Un archéologue de race n'aurait certes pas rendu avec un soin plus minutieux ces vieilles maisons et cet antique portail où le regard s'arrête avec complaisance.

Le vieux Connaisseur, du n° 74, m'amuse infiniment. C'est une petite toile spirituellement brossée par M. Albert Bligny. Imagine-toi un vieil invalide tenant un riflard sous son moignon gauche, et un cholet à carreaux, constellé d'étoiles de tabac, dans sa main droite. Il lit avec une attention profonde les affiches collées le long d'un mur.

Lui qui a fait les guerres du premier Empire et égaré une notable portion de son individu du côté de Leipsick, il aime à contempler maintenant les luttes épiques de la *Revalescière* contre les *Farines reconstituante et mexicaine* coalisées !... Cela lui rappelle les alliés !... Ces drogues se mitraillent à coups de cures et de miracles !... Les certificats pleuvent dru comme les obus prussiens, et les bourses des *gogos* éventrées laissent couler leur précieux sang dans la caisse !...

Plus loin, c'est la *moutarde Bornibus*, qui enfonce toutes les autres... parbleu !

Ici, c'est un aimable farceur qui met en vente un dindon de... fantaisie, sans songer que c'est chercher pour lui-même un acquéreur, et qu'il en pourrait bien trouver un sérieux, quand ce ne serait que ton serviteur, par exemple. — Sufficit ! — Là-bas, c'est le *chocolat Perron*, qui proteste contre les envahissements du *Menier ;* le *café des Gourmets* qui eng... age le *moka Zanzibar* à aller voir aux Antilles s'il y est ; le papier *Rigollot* qui débine le sinapisme de nos ancêtres ; l'*encrier magique* (un blagueur celui-là !), qui pourfend la bouteille de grès traditionnelle !...

C'est une guerre incessante à laquelle toutes les murailles, et jusqu'aux recoins les plus secrets des monuments d'utilité publique, servent de champ de bataille !... Et notre vieil invalide suit tout cela avec intérêt, et s'il se passe voluptueusement la langue sur les lèvres, en signe de joie, cela tient simplement à ce qu'il est à tout jamais privé du bonheur de se frotter les mains, comme tout le monde... La gauche n'est-elle donc pas fourrée quelque part dans le royaume de Saxe ?...

L'*Etang du Bouchet*, n° 46, de M. A. Baudit, est un paysage gentiment troussé ; les eaux du petit lac, parées de leur belle robe de nénuphars, sont rendues avec bonheur.

Le n° 359 est dû au pinceau hardi de M. A. Maignan. Le catalogue l'intitule : *Le Favori de la Vieille*. C'est la tête d'un décapité sinistrement accrochée à une perche sur un rempart : des soldats orientaux montent la garde au-dessous... insouciants ! ???... Quelle est donc cette *vieille* dénaturée qui rase ses *favoris* de la sorte?... Serait-ce là *femme à barbe* en villégiature dans les harems du Sultan, ou le catalogue, avec sa désinvolture habituelle, n'aurait-il pas plutôt pris sur lui d'altérer légèrement le titre du sujet, afin de chatouiller la curiosité publique?... Ne serait-ce point, par exemple : *Le Favori de la Veille* qu'il aurait voulu dire? Cette version explique tout d'ailleurs, et l'œuvre du peintre ainsi dénommée se présente avec le caractère étrange et sauvage qu'a voulu lui donner son auteur. — Catalogue, mon bon, il faudra une autre fois fourbir vos besicles mieux que cela!...

Le *Conseil de guerre*, n° 21, de M. Armand-Dumaresq, est une scène de justice militaire qui donne à réfléchir. On y agite toujours l'éternelle question de savoir si, oui ou non, l'on fusillera Bazaine. Comme ici la chose se passe sous le premier Empire, on pourrait hardiment conclure à l'affirmative. On allait vite en besogne dans ce temps là, tandis que maintenant.....

Cela m'explique pourquoi, lorsque mes amis de Mulhouse m'écrivent, je trouve un timbre prussien sur leurs lettres!

Si tu veux voir de beaux arbres mirer coquettement dans l'eau leur élégant costume de lierre, regarde le n° 182, de M. Dumas-Descombes, et, comme moi, tu seras satisfait.

La *Dispute de Musiciens*, n° 407, de Noterman, est d'un comique achevé. Trois singes font de la musique d'ensemble. Tout à coup, l'un des exécutants émet sur le morceau en chantier une appréciation d'école qui a le don de déplaire à son copin. Réplique acerbe de celui-ci, riposte vigoureuse de celui-là; feu nourri de part et d'autre. Bref on se chamaille à l'unisson, tandis que l'accord parfait déguerpit prudemment de peur de la casse. En effet, le diapason se monte à tel point que les arguments oraux deviennent notoirement insuffisants. C'est alors que le verbe fait place au fait, la théorie à la pratique. Le flûtiste se jette brusquement sur le violoniste et le houspille sans vergogne. Il faut voir cette expression et ce geste!... Le pupitre tombe, la chandelle s'écrase en s'éteignant ; le ou la trompette reçoit le tout sur son durillon sensible et hurle comme son ou sa collègue du jugement dernier! — C'est à mourir de rire! Si le jury n'avait jamais décerné de médaille qu'à des tableaux comme celui-là, l'on serait presque tenté de lui pardonner sa composition hétérogène, — j'allais dire hétéroclite.

Ah! le voici donc enfin terminé ce panneau fam..... Non! Saprelotte, j'oubliais la *Lecture* du n° 206, de M. Henri Dutzschold. Huit consonnes sur dix lettres! peste!... Cette lecture consiste en deux femmes qui passent l'après-midi au bord de l'eau. L'une, rayée de rouge, lit quelque chose dans un livre, tandis que l'autre, garnie de jaune (?) pêche en l'écoutant ou l'écoute en pêchant, si tu aimes mieux...

Mon cœur a palpité devant cette toile. Tous les vieux instincts du pêcheur à la ligne (*confiteor !*) se sont réveillés en moi avec une intensité nouvelle. Je suis grimpé quatre à quatre dans mon grenier ! Là, j'ai retrouvé ma canne en bambou, mon épuisette et mon panier,... mon cher panier au fond duquel, parmi des cadavres d'asticots, j'ai découvert la pièce de *vers* (!) suivante que j'avais dans le temps rimée au bord de l'eau pour un ami :

Tandis que vous quittez vos grands salons dorés,
Et que vers le théâtre haletant vous courez
Au rendez-vous qu'on vous assigne,
Ami, je m'en vais loin du chemin fréquenté
Chercher au bord de l'eau quelqu'endroit abrité
Connu des pêcheurs à la ligne.

Vrai ! lorsqu'autour de moi j'ose jeter les yeux,
Le monde me paraît si sot, si vicieux,
Que parfois il m'indigne !
Aussi, comme un hibou qui maudit le grand jour,
J'ai juré de le fuir et tourné mon amour
Vers la pêche à la ligne !

Vous riez, j'en suis sûr, de ma confession;
C'est un tort, car la pêche est une passion
Peu coûteuse, honnête et bénigne,
Et celui qui s'y livre a pour moi tant d'attraits
Que si j'étais pucelle, ami, je ne voudrais
Prendre qu'un pêcheur à la ligne !

Le public a parfois des préjugés fâcheux.
Pêcheur est d'idiot synonyme à ses yeux :
C'est une erreur indigne !
Par les dieux immortels, ne vous y trompez pas !
Moi je ne connais rien de plus fin ici-bas
Qu'un pêcheur à la ligne.

D'abord, tandis qu'il tient son hameçon sous l'eau
Et qu'il suit du poisson attiré par l'appeau
La course errante et curviligne,
Il mûrit sa pensée et réfléchit à fond,
De sorte qu'il n'est pas de Bias plus profond
Qu'un simple pêcheur à la ligne.

Puis il sait éviter, — lui qui tend des engins, —
Les piéges attrayants que cache en ses chemins
Le monde, fourbe insigne !
Si bien qu'on ne saurait trouver en tout Paris
Un seul fripon pouvant se vanter d'avoir pris
Un pêcheur à la ligne !

Donc, sans plus hésiter, je m'engage gaîment
Canne en main, sac au dos, en ce beau régiment
Qui près du fleuve errant s'aligne,
Et regardant de haut toutes les vanités,
Je ne demande rien, que des flots argentés
Pour y jeter en paix ma ligne.

Que d'autres, moins heureux, aspirent aux honneurs,
Qu'ils redoutent encor, alors qu'ils sont vainqueurs,
Quelqu'embûche maligne,
C'est leur affaire !—Moi, j'aime mieux m'en aller
A l'ombre des ormeaux, regarder l'eau couler...
... Et pêcher à la ligne !...

... Et dire que voilà tout à l'heure le temps où ça ne va plus mordre du tout !... Hélas ! !

P. S. — Que ça morde ou que ça ne morde pas, en définitive je m'en fiche un peu, en ce qui me concerne. Depuis que la turbine n'envoie plus que de l'eau perfectionnée à ses pratiques, le tuyau de chez moi me propulse tous les quarts d'heure de trois à quatre gardons parfaitement filtrés. — A la fin de la journée, j'ai toujours une friture raisonnable.

Encore un léger perfectionnement dans les appareils, et je recevrai des brochets de quatre livres!... Un vendredi, ça fait toujours plaisir!

X.

Mon cher ami,

Avant de rien entamer, regarde un peu l'heure qu'il est à ta montre... Moins dix, n'est-ce pas? Eh bien! je te parie qu'avant que la demie ne soit sonnée, j'aurai passé en revue tout le grand panneau extérieur droit. C'est beaucoup de besogne, je le reconnais, mais le temps me pousse l'épée aux reins, et, bon gré mal gré, il faut en abattre. — Y sommes-nous?.. Je commence par le haut, du côté du buffet.

C'est la contrée aux paysages. Il y en a de toutes les sortes et de toutes les qualités. Assortiment complet. Celui qui voudrait étudier le feuillé n'aurait qu'à passer là une ou deux journées. Son éducation serait faite et même archi-faite, comme dirait le père Gagne.

Voici d'abord un n° 340, *Environs de Rouen*, de M. R. Lelarge, où les chênes sont frisés comme des choux de Milan; première méthode.

7

A côté se trouvent les *Environs de Quimperlé*, n° 380, dont les arbres sont au contraire effilés à l'instar des plants d'asperges, et semblent presque se dissoudre dans l'atmosphère, tant ils sont ténus; deuxième méthode, récompensée d'une médaille de bronze. Tout près s'étalent encore d'autres *Environs*, et entre autres ceux de l'excellente ville d'où j'ai le bonheur de t'adresser aujourd'hui ma dixième élucubration artistique..

Le tableau en question est intitulé le *Viaduc de Laval* et enluminé par M. Théophile Meunier. Ce peintre — qualités à part — possède la faculté bizarre de voir tout en violet, à partir de deux mètres de distance. Arbres, collines, maisons et généralement tout ce qui est à six pieds de son œil prend sous sa brosse une coloration essentiellement épiscopale. Notre pauvre viaduc lui-même, vu des prairies de Bootz, est affligé de cette nuance solennelle dont se parent les princes de l'Eglise. — Pourquoi donc cette bizarrerie?... Serait-ce parce qu'il y aurait des *prés là*?... Je nous le demande!...

M. Joseph-Fortuné Gibbon a exposé au n° 244, *Bords de la Seine*, une toile trop haut placée pour que je puisse m'en rendre bien compte. Dame!... je commence à n'avoir plus mes yeux de quinze ans! D'en bas, je crois m'apercevoir qu'il y a sur l'eau une sorte d'arche de Noé, pas mal rembourrée de toute espèce de chose; un bateau lavoir peut-être avec sa clientèle.

Le *Rendez-vous de chassé* du n° 245 s'aperçoit mieux. C'est, je pense, un carrefour dans un taillis dénudé, par un temps de neige. Il paraît que c'est là que doivent se réunir les chasseurs. En voilà encore des citoyens qui se moquent pas mal du Code! Comment! il y a haut comme cela de neige sur la terre et vous avez l'audace d'arborer vos Lefaucheux et vos carniers? Eh bién! ne vous gênez plus... Et ces braves gendarmes, qu'est-ce qu'on en fait donc maintenant? Ah! si j'étais un peu le garde champêtre, c'est moi qui empêcherais carrément d'exposer des tableaux aussi subversifs dans un pays aussi tranquille que le nôtre!....

Voyez-vous, on a beau dire, quand il n'y a plus de principes, tout s'en ressent.

Le n° 103, *Intérieur d'étable*, par M. Christophe Cathelinaux, représente une jeune villageoise en train de récolter du lait. Elle vient de mettre le taureau au vert et s'occupe actuellement de traire la vache. — C'est ce que l'on peut appeler aller de *mâle en pis*. — Je n'insiste pas.

Devant le paysage n° 414, *Forêt de Fontainebleau*, j'ai rencontré l'autre jour un brave Alsacien positivement en extase :

— Z'esd atmirâple, zuperbe! disait-il en écarquillant ses gros yeux bleu-faïence,... il y manque rien ti tou, essepté eine bedide guadran tans lé milieu !... Avec eine bedide guadran, c'être eine chôlie bantule bour eine çalamanché!!!

Il le disait vraiment de tout son cœur, le digne homme. Je ne te donne pas la traduction de la phrase ci-dessus; tu n'as qu'à t'écouter la dire pour la comprendre. On croirait avoir un Allemand dans son paletot!

L'Abreuvoir, n° 62, de M. Gabriel Bellion, est un léger tableau qui ne manque pas, bien qu'un peu vert, d'une certaine valeur. Il y a là deux jolies petites vaches et une enfant assez heureusement traitées.

Dans le coin où je suis, il pleut des *Bas-Meudon*. En voilà deux d'un coup; le n° 209, par Lucien d'Eaubonne, et le n° 669 peint par Rapin... A-t-on besoin d'ajouter cela, je vous le demande, et faut-il que le catalogue soit amoureux de la superfluité pour donner semblable détail!

Passons maintenant de l'autre côté de la porte.

Arion sauvé des eaux par un dauphin, de M. J.-B. Poncet, est une petite toile classique très-sérieusement travaillée. Le poëte assis sur le dos du monstre marin, dédaigneux des périls auxquels il vient d'échapper et qui l'entourent encore, se laisse emporter par son génie. Il lève les yeux au ciel et chante sur les flots dans une attitude inspirée. — Sa chanson est même si belle, à ce qu'il paraît, que le dauphin en fait le gros dos!...

Le titre du n° 590, *Gardeuse d'oies*, est un pur et simple canard. Jamais l'on ne me persuadera que les volatiles ici portraiturés descendent des antiques sauveurs du Capitole. La faute en est d'ailleurs à la bergerette qui veille sur eux. Du moment qu'elle *garde* les oies, il est tout simple que nous ne voyons plus que les canes!... Il n'y a là rien d'extraordinaire.

Parmi les effets de neige qui pullulent cette année au salon, un des plus comiques est évidemment le nº 41, de M. Bastien. On y voit un artiste, assez grotesquement affublé d'un cache-nez rouge, en train de peindre en plein vent, sur sa terrasse, par un temps où les fluxions de poitrine et les pleurésies sont à l'ordre du jour. — Le bruit court que c'est l'auteur qui s'est représenté lui-même dans cette situation audacieuse, les pieds dans la neige. Heureusement qu'il a des bottes Bastien!... sans quoi, gare les corizas. — La *Nature morte*, et qui n'a jamais même vécu, du même auteur (nº 40), n'est pas non plus dénuée d'agréments. Une table, un petit plâtre et un parapluie dans son fourreau ; c'est plus qu'il n'en faut pour chasser la tristesse!

... Je suis resté longtemps en contemplation devant le nº 151, intitulé : *le Lys*, peint par M. Emile Crespelle. Je n'aime pas beaucoup les natures mortes, tu le sais, mais lorsqu'une idée s'y cache et que je suis assez heureux pour la découvrir, mon opinion change et je m'arrête volontiers.

L'œuvre de M. Crespelle est, en même temps

qu'une belle peinture, une allégorie sévère. — Un grand lys s'éteint dans un vase ; près de lui quelques vieux livres à demi déchirés, et plus loin, une tête de mort...

Ces livres, — c'est l'histoire,

Cette tête de mort, — c'est le passé,

Ce Lys, — c'est la monarchie !

Il n'était pas possible de trouver à cette idée un plus mélancolique symbole.

Etrange coïncidence : le 29 septembre, jour anniversaire de la naissance du comte de Chambord, il y avait justement une éclipse !

Les *Roses trémières*, n° 410, de M. Eugène Parisy, quoique un peu bien roses et enluminées, sont traitées de la bonne manière. Le plat de cuivre repoussé du fond offre surtout un effet de lumière particulièrement bien rendu. L'éclat métallique est d'une vérité saisissante.

J'ai entendu beaucoup louer et beaucoup vilipender le n° 228, *Joseph et la femme de Putiphar*, de M. G. Ferry. Il me semble que l'on est allé trop loin des deux côtés. Evidemment, je ne ferai pas à M. Ferry l'injure de lui dire qu'il a fait un chef-d'œuvre, mais je serais encore plus éloigné de prétendre qu'il ait exposé une croûte, selon le terme consacré. — Il y a beaucoup de mauvais et beaucoup de bon dans son tableau. Ce qui y domine surtout, à mon avis, c'est une franchise d'allures qui dénote la race ; je serais fort trompé si M. Ferry ne perçait pas d'ici à quelque temps. Ce n'est plus cette peinture mièvre et voilée où la médiocrité se trouve si à l'aise pour lécher ses petites inepties. C'est de l'art vigoureux et osé, en quête du beau, avide du mieux, constamment sur la brèche et taillé pour le succès. — Je ne m'étonne donc pas que le jury ait récompensé l'artiste en lui accordant une médaille d'argent de 2e classe.

Quant aux puritains mâles et femelles qui se voilent la face en passant devant madame Putiphar à cause de son peu de linge, je me borne à les trouver drôles. Pauvres gens ! Ce doit être toute une affaire pour eux que de changer de chemise !

M. Louis Noël, l'auteur des nos 404, 405 et 406, est non-seulement remarquable par la facilité avec laquelle il prépare les épinards à l'huile, mais encore et surtout par la singularité des encadrements dont il enjolive ses créations verdoyantes. Je te recommande entr'autres le cadre du 406, *Fontaine de Klidec* (Finistère), qui se compose exclusivement de grains de mil collés les uns à côté des autres.

Qui donc M. Noël espère-t-il attirer par ces graines ? Serait-ce les chalands ?

Il y a des gens qui aiment la magnonaise. Moi, c'est différent, j'en raffole, seulement ça me pèse un peu trop sur l'estomac, surtout la verte. M. Attendu en a inventé une autre, n° 24, que le jury vient de récompenser d'une médaille d'argent de 2e classe. Rien de plus apéritif, du reste, que cette composition : une véritable absinthe à l'huile! C'est encore une nature morte bien entendu, mais le fini de l'exécution et l'heureux agencement des accessoires dispose si bien l'esprit du spectateur que l'on se sent instinctivement porté à la plus extrême bienveillance.

Il y a sur la table tout ce qu'il faut pour confectionner une de ces magnonaises qui vous retournent un homme bout pour bout : homard, cornichons, anchois, œufs durs, moutarde Bornibus, truffes, moulin à poivre, etc., etc.

Aïe! aïe!! aïe!!! à quelle heure dîne-t-on donc aujourd'hui?

Je te recommande cette page culinaire : elle en vaut sérieusement la peine.

Un joli *Paysage* de M. Chardin, au nº 107, bien compris et bien exécuté. Les animaux sont étudiés avec soin. Cependant, la vache debout au premier plan ne me semble pas avoir sa patte gauche à la place habituelle. Peut-être est-ce encore là un progrès nouveau des éleveurs, pour donner, comme ils disent, plus *d'importance* à la viande.

Le *Charmeur Cafre*, du nº 360, qui représente un nègre faisant la conversation avec deux flamants roses montés sur leurs échasses, portait dans l'origine le nº 260 et m'était en conséquence donné par le catalogue comme une *Vue de Dinard*... Un nègre et des flamants.. à Dinard!... Moi qui connais le pays comme mes poches, j'en suis resté ahuri pendant dix bonnes minutes. Enfin, je suis allé me plaindre au contrôle et l'on a changé cela. Maintenant je mange et je dors comme d'habitude.

M. Truphème a la monomanie de clouer du gibier sur des morceaux de bois. Les n°s 529 et 530 en sont deux preuves appétissantes. Cet artiste a des pâtés sur la *planche* pour longtemps.

Quant à moi, j'aime assez les perdrix-Truphème... Et vous?...

Ah ! mon Dieu, ce n'est pas la peine de crier à la porte ! pour si peu.

Le n° 101, de M. Léon Carron, nous montre des saules dont les études en pyrotechnie sont extrêmement avancées. Ces joyeux végétaux tirent un véritable feu d'artifice avec leurs branches. Quant au lointain, une fois la fumée du bouquet passée, tout porte à croire qu'il sera moins terne et moins pâteux que cela. Je verrai en revenant.

La *Jeune femme sur la plage*, n° 269, de M. Louis-Michel Hadengue, me donne toujours des distractions quand je viens à naviguer dans ses parages. Je ne puis me retenir de regarder cette quart-de-monde violette qui, accoudée à une petite table de café, en vue de la mer, sirote sa grenadine en flairant une rose. Quel costume ! quel air ! et quelle pose. Ajoute à cela que la belle porte de longs gants gris... Hélas ! hélas ! en voilà encore une à laquelle il ne me prendra jamais fantaisie de consacrer le moindre hémistiche.

..... Te l'avais-je dit, oui ou non?... Nous voici au bout du panneau et la demie n'est pas sonnée. Je te parie maintenant qu'avant qu'il ne soit les trois quarts, je vais avoir épluché l'un des deux petits côtés du fond. Attends un peu !

La Marée basse à Courseulles, n° 174, est un admirable paysage peut-être un peu froid, mais d'une grande correction. Il y a beaucoup de poésie agreste dans ces groupes de pêcheurs qui reviennent avec leurs filets, dans ces bœufs qui regagnent l'étable en suivant la grève humide. La perspective est profonde et vraie. M. Eugène Devé n'a certes pas volé sa médaille d'argent de 1re classe. On la lui *devait* bien.

Le n° 499, *Confidence*, représente deux femmes dont l'une lit à l'autre une lettre qu'elle vient de recevoir et qui est conçue en ces termes :

« Chère madame,

« J'ai l'honneur de vous contempler depuis dix minutes. Si vous n'y voyez pas d'inconvénient, soyez donc assez aimable pour prier le peintre qui vous a portraiturée de bien vouloir vous débarbouiller un peu la figure.

« Vous l'avez d'un sale à faire plaisir, tant il y a mis d'ombre. A l'occasion, vous pourriez engager M. Sinet à ne plus tant exagérer ses effets d'éclairage. Il s'en trouvera mieux et vous aussi. Veuillez croire, du reste, que je ne vous en veux pas pour cette fois. — Bien des choses à Anatole.

« Le petit blond frisé du 3e en face. »

Je suis un peu de l'avis de ce muscadin.

La *Coquetterie* n° 532, consistant en une superposition de rotondités pâteuses occupées à considérer des boucles d'oreille, je ne me sens nulle envie de m'y arrêter et je passe sans remords aux *Naufragés sur un radeau*, n° 67 qui sont positivement dans une position critique. J'ai rarement vu dans mes pérégrinations nautiques un océan comme celui de M. Berthélemy. — Quelle eau, Messieurs les jurés, quelle eau !... Ce n'est pas pour dire, mais il faudrait avoir un certain courage pour appeler cela une belle mer !... (?)

Au n° 446, j'ai remarqué avec un vif intérêt un jeune ours à gueule envermillonnée, cousin germain d'un petit loup brun que je crois avoir déjà vu quelque part. Il sort de sa tanière sur l'heure du dîner, et se dispose tranquillement à croquer un gâteau de savoie représentant un château fort dans le fond du tableau. Ce n'est pas plus malin que cela ! Entre nous, le château est encore ce qu'il y a de plus fort dans cette œuvre enfantine.

Une légère pochade militaire assez mouvementée au n° 492, *Pièce en action*. Elle est signée *Sergent*. Un nom de circonstance celui-là !

Je ne sais pas pourquoi l'on s'obstine à faire du chien l'emblème de la fidélité. Il y a un vieux monsieur qui m'a encore répété cela l'autre jour en me montrant le n° 277, *Griffon*, de M. Henri Hombron. — Comme il tombait bien !... ma chienne avait justement déguerpi la veille, pour aller faire un tour du côté de Bourgon ! En tant que preuve de fidélité, je la trouve raide celle-là ! Inutile de dire que nous ne sommes pas tombés d'accord le vieux monsieur et moi, sauf sur le mérite pictural du Griffon en question.

Je m'en voudrais de lâcher ce panneau sans te signaler, du même M. Hombron le n° 27, *Dans une cuisine*. C'est un fouillis culinaire suffisamment réussi. Caille, merle, lièvre, oignons, navets, choux, céleri, tout cet attirail gastronomique est assez heureusement groupé. Ajoute à cela un superbe chaudron de cuivre qui fait reluire son ventre au milieu des comestibles et qui constitue la partie saillante de l'étalage. Il est rendu d'ailleurs avec un si remarquable scrupule que j'entendais hier une sommité artistique dire à mes côtés : — ma parole d'honneur !.. il est *parlant* ce chaudron !..

Tu vas encore dire que je fais causer les gens à plaisir. Ah ! mon ami, Esope et Lafontaine en ont bien fait parler *d'autres !*

Entends-tu les trois quarts qui sonnent ?... J'ai fini !

P. S. — Rien de bien nouveau à la turbine. Ça pompotte tout doucement. On y prépare m'a-t-on dit, un grand travail pour la répartition des dommages et intérêts justement alloués aux abonnés, en raison du chômage dont ils ont été les victimes. Je ne te donne pas cela comme aussi sûr qu'un article de foi, mais comme ça se dit en ville, j'ai cru devoir t'en aviser. Je serais désolé que cela t'empêchât de dormir par exemple !

XI.

Mon cher ami,

Il ne me reste plus pour terminer la peinture moderne qu'à passer en revue le petit panneau du fond et le grand côté extérieur gauche. Après cela, je ferai une rapide excursion dans les aquarelles, les fusains et la sculpture, puis, pour clore la série de mes comptes-rendus, je te dirai quelques mots de l'Exposition rétrospective. Il n'entre pas dans mon plan, je te l'ai déjà dit, de te décrire cette Exposition dans tous ses détails. Une tâche aussi ardue appartenait à de plus dignes que ton serviteur; mais comme en flânant çà et là j'ai eu le bonheur de récolter quelques drôleries, je me ferais un cas de conscience de ne pas te les communiquer avant de prendre congé de toi.

Tu ne saurais t'imaginer, mon ami, combien d'enseignements un esprit observateur peut retirer d'une visite dans cette partie du palais de l'Industrie. Il ne s'agit pour cela que de connaître un peu son Laval, et d'avoir les yeux de l'entendement ouverts. Il suffit alors d'un objet, en apparence insignifiant, pour permettre d'asseoir sur le compte de son propriétaire un jugement au moins probable. — Ici, telle faïence vous révèle le savant antiquaire, recueillant pieusement tous les documents utiles à l'histoire de l'art, les classant avec une rectitude entendue, les présentant au public avec tous les ménagements que lui suggère son amour de la vérité et son mépris de la fanfaronnade. Là, au contraire, tel tableau pompeusement produit sous un nom célèbre, vous souligne malicieusement cette soif de paraître et cet orgueil boursouflé propres aux intelligences inférieures, ainsi qu'aux amateurs pour rire.

Il y a, je t'assure, de quoi écrire un joli chapitre sur ce sujet, et il n'est pas dit que je ne le fasse un jour ou l'autre.

Qui sait même si je ne l'ai point déjà commencé?...

Pour l'instant, je dois continuer ma revue.

Le n° 77 est une *Nature morte* extrêmement fadasse, de M. Ch. Bosquin. Elle nous montre un cantaloup assez honnête pour faire une brèche dans le mur de sa vie privée et nous dévoiler ses pépins les plus intimes. Près de ce fruit austère, se trouvent quelques fraises sur une feuille de chou, tandis qu'un chasselas, envahi par le phyloxera sans doute, agonise dans un coin de la toile.—Ce qu'il y a de sûr, c'est que ces friandises ne vous donnent pas l'envie d'y goûter.

La *Marie Tudor* et le *Fabiani* du n° 342, issus tous deux du pinceau de M. Th. Lemonnier, sont loin de me représenter, comme je les comprends, les héros du grand poëte. Ils sont d'ailleurs peints avec talent. Leur groupe, ainsi que les accessoires qui l'entourent sentent même la recherche et la préciosité. J'ajouterai que Marie Tudor et Fabiani sont doués de physionomies telles que si jamais la quadrature du cercle venait à être découverte, ils pourraient être sûrs de ne pas être inquiétés à ce sujet. Nul d'eux, en effet, ne possède une binette à réaliser des prodiges!

Mlle Virginie Géo-Rémy a exposé un *Premier Président de la Cour de Bourges*, que je n'ai pas le bonheur de pouvoir trouver ressemblant, puisque je ne l'ai jamais vu de ma vie. En outre, Mlle Géo-Rémy a commis une *Tête de fantaisie* au pastel, qui ne fait naître en mon sein aucun symptôme d'admiration. Cela tient peut-être à ce que le goût s'émousse chez moi, à force de me promener dans l'Exposition. — Le fait est que plus je vais, plus je me sens éteint.

Quand je t'aurai déclaré que le *Clair de Lune*, n° 426, est une simple tartine au cobalt, et le n° 70, *Environs de Nice*, un pur décor d'opéra comique, je t'aurai dit tout ce que je pense sur leur compte, et je pourrai dès lors réfléchir tout à mon aise à la variété du talent de M. Antony Serres qui, l'an passé, exposait une œuvre croustillante, *le Lever*, et cette année nous sert un tableau aussi ordre-moralier que possible, *Sortie de la messe, le jour de Noël*. — *Quantum mutatus!* Si encore je retrouvais cette habileté de pinceau, cette naïveté, cette grâce qui m'avaient séduit autrefois, je ne dirais pas grand chose, mais c'est qu'aujourd'hui nous sommes loin de compte, et la toile prud'hommesque que j'ai sous les yeux ne me les rappelle en rien.

Une fort jolie *vieille rue de Rouen*, au nº 288, par M. E. Laborne. C'est bien là une de ces surprises que l'antique cité normande réserve à chaque pas au touriste. — On marche dans une rue étroite et tortueuse ; les pavés sont inégaux, les maisons rejoignent là-haut leurs pignons noirs, jusqu'à en cacher le ciel ; dans les bazars, sous les auvents sombres, s'étagent mille bibelots étranges, un ruisseau noirâtre coule lentement au milieu de la chaussée. Où va-t-on ?... On n'en sait trop rien... — Tout à coup, à un détour, le décor change brusquement. L'espace s'élargit et du sein de la terre s'élance, avec une majesté incomparable, une de ces merveilleuses églises gothiques, comme il ne s'en fait plus de nos jours, vrais bijoux d'architecture, poëme immense aux mille strophes, que le christianisme du moyen-âge chantait dans le granit ! — Le tableau est fort joliment peint et fait l'éloge de son auteur, mieux que je ne le saurais faire ici, quelque envie que j'en aie.

L'*Intérieur de cuisine*, n° 250, est aussi une bonne toile. Le jury lui a accordé une médaille d'argent de 2e classe. Les détails en sont curieux et bien étudiés. Au milieu d'un grand massacre de volailles, à côté d'un stock important de légumes assortis, le *chef*, revêtu de son costume officiel, plume magistralement un coq. Il y a un festin pantagruélique en perspective. Pas une minute à perdre! Sus donc!

Jacques allumera les fourneaux et Pierre se mettra aux sauces; il n'est que temps. Quant au vieux Baptiste, il préparera la rôtisserie. C'est l'affaire capitale. Brillat-Savarin le déclare du reste :

On devient cuisinier, mais on naît rôtisseur!

Aussi, tout en dirigeant son armée de marmitons, le chef — l'artiste — aura-t-il toujours l'œil sur la broche.

Voici déjà une heure passée : tout a marché selon les règles. Encore une bonne flambée claire pour dorer la peau de la bête, la rendre croquante et le tour est fait!... Maintenant on peut se mettre à table :

Madame est servie!

Bon appétit à tout le monde et mes compliments à M. Gilbert.

Nota bene. — Le dîner sera dignement terminé par une tasse de moka supérieur. *La Ménagère* du n° 351 est justement en train d'en moudre tout exprès, de manière à ce qu'il ait bien tout son arôme, tout son délicieux parfum. — Vous mettrez peu de sucre et vous le boirez très-chaud. — Un doigt de chartreuse par là-dessus avec un cigare de la Havane, et vous m'en direz des nouvelles.

Le Retour au foyer, n° 173, de M. Louis Destailleur, me paraît d'une valeur plus que douteuse au point de vue de la peinture, et je ne m'y serais à coup sûr pas arrêté si le sujet, en lui-même, ne m'eût attiré par son caractère particulièrement odieux.

Ce sont des Prussiens, retour de France, qui débouclent leurs malles en rentrant dans leur famille. Tout en travaillant pour le roi de Prusse, ils ont, pour leur propre usage, honnêtement volé çà et là pas mal d'objets, et empilé le tout dans ces coffres où leurs femelles et leurs petits enfoncent goulûment leurs griffes à cette heure. Rien de hideux comme cette sorte de curée. Les filles pensent surtout à leur toilette. L'une se jette sur les boucles d'oreille, l'autre sur le châle, celle-ci sur les bottines, celle-là sur... que sais-je ? on dirait des harpies ! Pour compléter la scène, voici s'avancer le guerrier lui-même, un de ces nobles vainqueurs de Sedan, un de ces glorieux triomphateurs de Metz ! Il porte la grosse pièce, le morceau de résistance du butin, la pendule pour tout dire ! Il la presse avec tendresse sur son ventre, et rayonne germaniquement, heureux, repu, gavé, stupide ! On l'acclame à l'envi, et, pendant ce temps, du haut du grand poële de faïence vernie, le buste du plus couronné des *Cadranzhollern* le contemple !... Miséricorde ! Quand on songe que tout cela.....

Tiens, mon ami, j'aime mieux passer à autre chose, car je sens que je finirais par écrire quelque sottise.

Un des paysages les plus méritants du salon est certainement, à mon sens, le n° 302, *Soleil couchant dans la vallée de la Somme*, par M. Lambert. Je ne crois pas qu'il soit possible de donner plus de limpidité, plus de profondeur, plus de transparence à des eaux que ne l'a fait l'artiste. Les arbres du second plan sont un peu empâtés, mais tout le lointain est admirable. La chaude réverbération des derniers rayons du soleil empourpre magnifiquement le fond du paysage et l'on y sent passer les brises tièdes des beaux soirs d'été. J'aurais mieux aimé médailler cela que la charcuterie au météore dont je t'ai parlé.

La jeune Mère, n° 95, de Mlle Joséphine Calamatta, m'a précipité l'autre jour dans un abîme de réflexions au milieu desquelles je patauge encore aujourd'hui. Je ne puis parvenir à comprendre comment cette toute, toute jeune fille, à profil un peu bebête, *mutton-head*, comme disent les Anglais, peut bien être la maman du gros mioche qui joue à ses pieds avec des grappes de raisin. Elle s'est donc mariée bien jeune, l'infortunée ?... Je dois dire d'ailleurs que je trouve souverainement absurde de laisser jouer ainsi les moutards avec des fruits à côté d'une aussi belle robe. Il est vrai de remarquer qu'elle a l'air en fer-blanc cette robe, et que ça se lave. C'est égal, ce n'est pas prudent, et, à la place de la dame, il me semble que j'ôterais mon armure.

En fait de mère et d'enfant, parlez-moi du n° 39, *l'Écolier*. A la bonne heure !... voilà de la famille et de la belle encore ! Mon Dieu ! que M. T. Barret, qui a inventé cette machine, doit donc avoir de talent pour la caricature ! Si tu pouvais, ô mon ami, contempler seulement deux minutes cette naïveté qui sent son 1830 d'une lieue, tu rirais tellement et te tordrais les côtes à tel point qu'au lieu de regretter tes dix sous d'entrée, tu donnerais peut-être encore 10 sous en sortant. Moi, j'ai failli l'autre jour en embrasser le concierge ! Impossible de te raconter cette splendeur. L'inouï ne se décrit pas, tu le penses bien, et puis d'ailleurs je ne veux plus m'exposer à avoir mal aux côtes..... Ça fait trop d'effet quand on se mouche !

M. P. Roux a voulu rendre au n° 458, *Vue de Lambezellec*, un effet d'éclairage qui n'a de remarquable que sa bizarrerie. Le premier plan porte une tache de lumière violente, qui le fait ressortir, à la vérité, mais qui, en revanche, rend les masses d'arbres de gauche beaucoup trop sombres. En outre, tout l'éclairage portant sur un seul point, les maisons et les objets de droite semblent perdre tout relief et paraissent comme aplatis. Le ciel est pâteux et tourmenté. En somme, sans être totalement dénuée de mérite, cette toile est plutôt étrange qu'autrement.

J'aime mieux le n° 68, *Repas au bord de la mer, en Bretagne*, de M. Berthelémy. C'est un joli paysage bien étudié. Les trois pâtres couchés sur la lande, le cheval maigre qui les accompagne, la mer qui se voit au loin, tout cela est consciencieusement traité. Le ciel seul est d'un bleu terne et sans profondeur.

Il y a dans ce panneau un nombre considérable de gentilles toiles devant lesquelles je voudrais pouvoir m'arrêter, mais par malheur le temps va si vite que si je m'en croyais, je n'aurais pas terminé mon voyage cette année.

Je me souviens d'avoir ahuri notablement l'autre jour, M. V. Mottez à propos de son *Invention de la peinture*. Eh bien, vois combien je suis honnête : je me dispose à lui faire ici un bout d'amende honorable, à propos de son n° 391, *les deux Marie*. J'ai dit un bout, car j'aurais encore bien à lui chercher un peu querelle à propos de la Vierge bleue qui s'affaisse dans un coin du tableau. Sa Madeleine est beaucoup mieux comprise. L'attitude est fort belle et le bras droit posé sur la croix, d'un dessin irréprochable. Je n'en dirai pas autant du gauche, dont le raccourci ne me semble pas heureux. Quant à la couleur des cheveux de la patronne des belles pécheresses, c'est vraisemblablement une teinture de pénitence qu'elle s'est infligée en expiation de ses erreurs d'autrefois. Je connaissais déjà la *flava Ceres* des anciens, mais en vérité, ce chignon repentant rendrait des points à celui de la Belle aux cheveux d'or en personne!

Au bas de ce panneau se trouvent deux jolis paysages que l'on jurerait être du même artiste : l'un, n° 191, de M. V. Dupré ; l'autre, n° 511, de M. René Tener. Il est vrai de dire que le premier est du maître et le second de l'élève, mais il est difficile de mieux s'assimiler une manière que ne l'a fait M. Tener, et d'arriver aussi près que lui de son professeur.

Quant au n° 348, *Portrait de M. E. H*, par M. Paul-Joseph Leyendecker, c'est une des toiles les plus abracadabrantes du salon. J'avoue que, pour mon compte, j'en suis déconcerté au delà du possible. Au point de vue de la ressemblance, il y a évidemment du bon ; impossible de le nier, mais je sens cependant que si jamais un peintre me croquait de la sorte, je le mangerais à mon tour! En dehors de son coloris que je ne qualifie pas, l'artiste a encore trouvé moyen de dénaturer son modèle tout en restant cependant assez dans la vérité pour qu'on le reconnaisse du premier coup! A voir cette face allongée et aplatie, ne jurerait-on pas que la personne a la funeste habitude de s'asseoir dessus ?... Moi qui connais un peu le modèle, je ne puis que conseiller à M. Leyendecker de ne plus renouveler cette mauvaise plaisanterie.

Le n° 502, *Bac à Marcilly-sur-Seine*, vient en droite ligne d'Epinal ; ceci est incontestable. M. Ferdinand Storelly, son fabricant, ne me semble pas avoir une idée bien nette des lois physiques les plus élémentaires. Son bac énorme (il ne prend que la rivière, heureusement !) doit caler pas mal, grâce à sa lourde construction. Comment se fait-il alors que le personnage qui se trouve non loin de lui, au beau milieu de la Seine, n'ait de l'eau que jusqu'à la cheville? Encore un point d'interrogation... Décidément, tous ceux de l'imprimerie de l'*Echo* finiront par y passer!

Sous les Saules, n° 429, recommandé spécialement aux gens affectés du spleen. Trois poupées d'un comique achevé cherchent un papillon dans une salade.....

Il faut le voir pour le croire,

dit la chanson. Allez donc les voir-e, etc., etc.

M. Edouard d'Apvril a exposé deux toiles assez gaillardement brossées. *La leçon de Couture*, n° 19, et les *petits Remouleurs*, n° 20. Les draperies y sont particulièrement soignées. Quant aux titres, je consens à ne rien dire du premier, mais le second, les *petits Remouleurs*, me met positivement hors de moi. En vertu de quoi, bon Dieu ! appelez-vous remouleurs, cette fille qui tripote je ne sais quelle affaire et ce moutard jaunâtre qui grignote une tartine? Il y a de quoi se mordre jusqu'au sang quand on voit des choses pareilles!

Le Christ au tombeau, n° 278, de M. Harsin-Déan, est une œuvre sévère et belle. Sa médaille de bronze est vaillamment conquise.

La *Cerès rustique*, du même peintre, est loin de l'égaler. C'est une décalcomanie fort ordinaire, sans éclat et sans couleur.

La *Chasse aux canards*, n° 48, mérite aussi une légère mention. Il fait un temps de chien (10 degrés au-dessous de l'amateur pour rire). Un chasseur sort le sien (de chien!) et tire aux canards pour se distraire. Son fusil y met le temps d'ailleurs. On voit quasi la balle se rendre au gibier, qui tombe dans l'eau sous la forme d'un vieil habit à queue de pie! c'est le chien qui vous en a une drôle!... de balle!

J'allais encore te parler du n° 71, *Bords du Loing*, quand je me suis aperçu qu'il y avait encore un autre n° 71, *Intérieur de Cour*. Epouvanté de cette découverte, et craignant de trouver à l'autre page toute une mine de nos 71, j'ai refermé mon catalogue! Je ne le rouvrirai certainement pas aujourd'hui.

Donc à demain et

VALE.

P. S. — Au moment où je tirais de son fourreau ma grande scie turbino-hydraulique, je me suis aperçu qu'elle avait trois dents cassées. Je l'ai immédiatement envoyée à réparer. — Demain, il n'y paraîtra plus.

Tu sais que l'*Union musicale* et l'*Orphéon* ont donné dimanche, aux Galeries de l'Industrie, un concert-promenade ou une promenade-concert, comme tu voudras ; pour moi je n'y tiens pas tant que ça ! Je n'ai pas ici assez d'espace pour te faire un compte-rendu détaillé de ce festival improvisé. Tout ce que je puis te dire c'est que l'orchestre de l'Union s'est, comme toujours, vaillamment conduit. J'ai remarqué entr'autres morceaux une fantaisie du *Torquato Tasso* fort habilement orchestrée par notre excellent violoniste M. Laurent. L'Orphéon de son côté s'est heureusement acquitté de sa tâche, si bien que tout le monde — et cela ne veut pas malheureusement pas dire un millier de personnes — est sorti content et satisfait de l'Exposition.

XII.

Console-toi, mon cher ami ; voilà ma tâche bientôt terminée. Encore un peu de temps et je ne t'ennuierai plus. Comme un écolier qui compte les jours à l'approche des vacances, je suppute ce qui me reste à faire avant de prendre les miennes. S'il fallait m'étendre sur chaque objet aussi longuement que le comporterait sa valeur, j'aurais encore un gros bouquin à t'écrire rien que sur le panneau réservé aux fusains, aux aquarelles, aux porcelaines et aux faïences. Mais je préfère suivre le sage conseil du philosophe :

Glissez mortels, n'appuyez pas !

et clore au plus tôt ma description déjà trop longue. Aussi ne consacrerai-je à ce panneau pourtant si riche qu'une seule lettre : celle-ci.

Ce que je t'ai dit au début de ma correspondance au sujet de la peinture moderne, je te le répéterai ici, à propos du côté que je considère. Atonie générale ; rien de très-saillant. Les fusains ne me font point oublier la *Vue de Bordeaux*, les aquarelles ne m'offrent rien qui puisse, même de loin, entrer en comparaison avec le *Denier de la Veuve*, deux œuvres que j'ai admirées l'an passé. Les belles choses ont ce privilége de se graver profondément dans l'esprit et ce défaut d'y faire naître plus tard des parallèles qui ne sont pas toujours à l'avantage du présent.

Quoi qu'il en soit, il y a cette année de fort bonnes choses qu'il serait parfaitement injuste de méconnaître. *L'Octogénaire* entr'autres, n° 451, par Mlle Célina Rosabell, est un très-vivant portrait auquel le jury a accordé avec raison une médaille de bronze. Le pastel, trop souvent indécis et terne, a trouvé sous les doigts de cet artiste une précision et une vigueur vraiment remarquables.

Les *Perdrix rouge et grise*, de M. Suan, du Mans, méritent également une mention particulière. Ce sont deux natures mortes pleines de vérité.

Je regrette de ne pouvoir, comme autrefois Joseph Pincelard, offrir à Mme Cornée, née Vetault, mes félicitations pour l'œuvre qu'elle a exposée. Il y a, à mon sens, un abîme entre sa *création* de cette année et la magistrale *copie* médaillée à notre première Exposition. Dans cette reproduction réellement admirable, la correction du dessin s'unissait à une savante harmonie des tons. Nul n'écrasait l'autre ; tous concouraient à la perfection de l'ensemble. Dans *la Tête de petite Fille* que j'ai en ce moment sous les yeux, je ne retrouve, malgré tout mon bon vouloir, aucune de ces qualités. L'œil droit de l'enfant est d'une grandeur exagérée, et tout le côté droit lui-même est envahi par une ombre évidemment trop forte ; en un mot les relations ne sont pas observées, et c'est sur quoi je fais porter mon humble critique. Que Mme Cornée veuille bien excuser ma franchise : Je n'en use jamais si volontiers qu'en vers les artistes d'un vrai talent !...

Mme Becq de Fouquières a mérité un rappel de médaille d'argent pour son pastel : *Jeune fille de Pont-l'Abbé,* n° 54. Ce gracieux type de Bretonne est rendu avec beaucoup d'élégance et de bonheur. Rien de léché, ni d'incertain : beaucoup de décision dans la touche.

Parmi les fusains, ceux de M. Maxime Lalanne marchent à mon avis en première ligne. Le *Platane,* n° 300, avec ses masses de verdure aux puissants et lumineux reliefs ; la *Grotte de Morgat* avec ses anfractuosités ténébreuses où les rayons du dehors viennent allumer des reflets furtifs ; la *Vieille cour à Colombes* avec ses détails exquis de vérité et admirables d'exécution, tout révèle l'artiste hors ligne. Aussi, je considère M. Lalanne comme tellement au-dessus de mes éloges que je me les décerne à moi-même pour la force d'âme dont je fais preuve, en ne les lui adressant pas !...

M. Potier de Lavarde a exposé dans le même genre de fort bonnes choses et voudra bien, lui du moins, accepter mes compliments. Son *Vallon près de Granville* est un beau fusain tout imprégné de jour et de couleur, pour ainsi parler, bien que cette expression puisse au premier abord sembler un peu risquée. Il est cependant bien vrai qu'il suffit aux maîtres d'un peu de blanc et de noir pour produire des effets presque aussi puissants que ceux de la palette. C'est là un des secrets du génie.

Parmi les aquarelles, je te signalerai une *Cane et ses petits*, de M. A. Delierre, qui a mérité une médaille de bronze. Le sujet en lui-même n'a rien qui me séduise, mais la hardiesse de l'exécution et la richesse du coloris motivent parfaitement la décision favorable du jury.

Notre compatriote, M. de Lastic (domicilié à Paris à ce que dit le catalogue), a exposé trois aquarelles exécutées avec cette verve et cet humour qui caractérisent toutes les productions de ce jeune artiste. Excellentes qualités d'ailleurs, mais que la moindre exagération changerait vite en défauts. Son pinceau peu coutumier des œuvres de patience et de recherche est essentiellement primesautier. Il veut un effet, le trouve en quelques coups et serait capable d'y renoncer s'il lui fallait travailler un tantinet pour l'obtenir. Le talent de ce peintre — car il en possède un très-réel — est ce que l'on pourrait appeler un talent de tempérament. M. de Lastic met, j'en suis convaincu, autant de facilité et d'abandon à bâcler ses charmantes aquarelles, que d'autres en déploient à dire des balourdises, *inter pocula*... et ça n'est pas peu dire par le temps de petits crevés qui court..... (?...)

Le *Château de Loches*, le *Pavillon renaissance* et la *Ferme en ruines dans la Mayenne* sont trois jolies pages arrachées à l'album d'un véritable artiste. La première a, du reste, déjà trouvé un acquéreur.

Les faïences et les porcelaines peintes sont cette année en plus grand nombre que l'an passé. J'ajouterai que leur mérite me paraît de beaucoup supérieur.

Le nº 29, *Jeune Fille*, par Mlle Marie d'Aumont, est une œuvre exquise. Rien de délicat comme ces chairs à demi-voilées par la mousseline, rien de précieux comme ce collier dont les grains ont l'éclat et le relief de la nacre de perle. Le portrait de *Sa Sainteté Pie IX* est également fort beau. On le dit même des plus ressemblants. J'en suis pour mon compte d'autant plus heureux què l'expression de contentement répandue sur son visage donne un éclatant démenti aux nouvellistes funèbres qui, pour nous faire de la peine, sans doute, se plaisent à nous le représenter toujours comme un misérable captif en butte à tous les mauvais traitements imaginables. Je remercie Mlle d'Aumont de cette utile révélation et la félicite de son magnifique talent.

Mlle Lucie Kron Meni (on devrait huiler ces noms-là) a exposé dans ce genre des choses non moins méritantes que les précédentes. Je te citerai d'abord son *Adma-Khiza*, qui est simplement adorable avec ses grands yeux bistrés. — La *Prière* d'après Chaplin brille par ses gracieux détails. La tête de la prieuse est pleine de naturel ; la fillette à genoux sur la gauche respire la ferveur la plus vraie et le jeune gars de droite, qui n'a pu résister aux litanies, dort avec une conviction des plus profondes. — La *Mère de famille* d'après Greuze est aussi à remarquer.

Je n'ai garde non plus d'omettre dans cette revue-express, les belles *Eaux-fortes* de MM. Abraham Tancrède et Lalanne, ainsi que le *portrait d'Henri Regnault*, à l'encre de Chine, par M. Blayot..... Pauvre Regnault, enlevé si jeune, au moment où son génie lui ouvrait les portes de la célébrité !

Dès ma première visite à l'Exposition, j'avais remarqué au-dessus de ce portrait une aquarelle éminemment caractéristique dans laquelle plusieurs arbres jaunes donnent une poignée de branches à plusieurs arbres verts, en présence de plusieurs arbres rouges !... Je me disposais donc à m'étonner d'une nature aussi audacieusement polychrôme lorsque le nom du peintre m'est tombé sous les yeux : Abrantès !... Tout s'explique. Le procédé Pincelard m'est revenu immédiatement à l'esprit, seulement, je dois constater que cette année... ma foi, c'est exactement comme l'an dernier. M. d'Abrantès, outre les végétaux précités, a exposé là-haut un *Epouvantail sur soie* où l'on voit de petits anges roses, à anatomie spéciale, faire avec des arcs et des flèches, une sérieuse école de tirailleurs, au milieu de nuages tumultueux mais malpropres. Cette aimable composition en est encore à conquérir mes premières sympathies.

J'ai nommé tout à l'heure Henri Regnault... Et ce nom me revient malgré moi. C'était vraiment un noble artiste et un cœur vaillant. La guerre en avait fait un soldat, la mort en fit un martyr, et quelqu'insignifiant que puisse être mon tardif hommage, je le dépose pieusement ici devant son portrait.

. . . .

Nota bene. — Au point de vue artistique, M. d'Abrantès, malgré ses immenses qualités, n'est point à mon avis, de la pâte de Regnault !

.... Maintenant, mon cher ami, je sollicite de ta miséricorde, en même temps qu'une indulgence plénière pour ce que je viens de dire, quelques instants d'attention pour ce qu'il me reste à te conter.

La photographie, en tant qu'art industriel,

occupe comme d'ordinaire une place à l'Exposition. L'an passé, si j'ai bonne mémoire, notre compatriote, M. Durand fut médaillé pour les excellentes épreuves qu'il avait envoyées au salon. Je ne vis à l'époque rien que de juste et de convenable dans l'appréciation du jury, bien que cependant je ne trouvasse dans la vitrine de M. Durand que des produits généralement connus, et répandus dans le commerce.

Cette année, ce photographe apporte un fait non-seulement neuf pour la localité mais encore *capital* au point de vue de l'art, et je ne comprends pas qu'aucune distinction ne l'ait signalé au public. Je veux parler de ce nouveau tirage à la gélatine bichrômatée qui, au moyen de poudres impalpables (plombagine, noir de fumée, sanguine, etc.), permet d'obtenir des épreuves aussi indélébiles que la gravure. L'Exposition en possède un curieux spécimen n° 194 devant lequel j'aurais pensé que le jury se fût arrêté, dans sa course rémunératrice. Songes-tu, mon ami, aux conséquences superbes de l'inaltérabilité désormais assurée aux épreuves photographiques ? Depuis Niepce de Saint-Victor jusqu'à présent, c'est le problème qui a le plus vivement préoccupé les chercheurs et je le considère, moi, comme beaucoup plus important que la découverte de l'héliochrômie elle-même. La reproduction des œuvres d'art, au lieu d'emprunter le secours toujours coûteux et souvent infidèle du burin, pourra désormais s'adresser directement à la chambre noire. Quelle économie pour l'éditeur, et partant quel bon marché pour tout le monde ! Qui donc, avec la certitude de la conservation, refusera d'acheter le fac-simile des chefs-d'œuvre anciens et modernes ? — Aujourd'hui, l'on regarde à deux fois avant de se payer une photographie un peu chère, parce que l'on sait qu'au bout d'un temps plus ou moins long, avec les procédés en usage, les blancs jaunissent les demi-teintes s'effacent et l'harmonie générale disparait fatalement. Offrez l'épreuve inaltérable : tout le monde se la disputera.

Beaucoup ont pâli sur cette question ardue : remplacer les sels d'argent, si facilement attaquables, par des substances capables de défier les actions combinées du temps et de la lumière. Je te citerai entr'autres : MM. Poitevin, Pouncy, Salmon et Garnier, Fargier, Swan, Johnson, Marion, Liebert, etc. Aujourd'hui, les perfectionnements acquis changent complétement l'art héliographique. L'épreuve au chlorure argentique a fait son temps : le tirage au charbon la détrône partout, et j'applaudis des deux mains à cette utile usurpation.

En vérité, plus j'y songe, moins je comprends que le jury n'ait pas été, comme moi, frappé de l'importance de ce fait capital, et n'ait pas au moins recommandé, par une mention quelconque, le n° 194 à l'attention publique.

Puisque je suis à M. Durand, je le féliciterai volontiers de son exposition. Bien que son procédé *aristotype* ne flatte que très-modérément mes préférences artistiques, je me plais à reconnaître l'excellent parti que des mains habiles en peuvent tirer. — Comme agrandissement (?) d'épreuve, je tiens aussi à te signaler, au n° 195, le portrait authentique d'un des membres du jury, M. A** M**, porteur d'une décoration étrangère... à tous les ordres connus de nos jours. — C'est réussi.

Avant de grimper dans la galerie supérieure du fond, je n'ai garde de passer sous silence le beau crayon de M. Delahaye, de Laval, n° 168, qu'après plusieurs jours d'une imposante méditation l'on s'est enfin décidé à médailler, pour calmer ce diable d'article 17, si malencontreusement méconnu tout d'abord, et si vigoureusement défendu naguère par le chevalier du règlement, mon ami Georget!

Maintenant, mon très-cher, me voici arrivé à la partie sérieuse de ma lettre. J'ai à t'entretenir, non du concours d'architecture auquel je n'entends pas un traître mot, mais du concours de dessin entre les diverses écoles du département.

La question vaut qu'on s'y arrête, et je tiens à t'en parler avec cette franchise qui a, depuis longtemps, limité le nombre de mes amis aux seuls véritables.

Je te déclarerai d'abord que je ne suis pas du

tout partisan de ces espèces de concours entre les écoles, non pas que la chose en elle-même me paraisse mauvaise, car en principe j'approuve tous les concours, mais c'est que je me défie des conséquences qu'en voudraient tirer les malveillants, pour éblouir et embaucher les irréfléchis. — Je m'explique :

L'exemple venant de haut, il est de mode à cette heure, dans un certain clan, de tomber à bras raccourci sur l'université et les écoles laïques en général, et d'exalter à outrance les établissements religieux et congréganistes. Il paraîtrait que tout ce qui se fait et se dit dans ces derniers est infiniment mieux dit et mieux fait que dans les autres; ils auraient, dit-on, le monopole de toutes les vertus et laisseraient charitablement aux autres la spécialité de toutes les turpitudes. Cette opinion, qui a trouvé à Laval un imprimeur en août 1875, n'est pas de celles que je puis partager, parce qu'elle est exclusive et passionnée, et que je suis convaincu d'ailleurs que l'on doit rencontrer du bon et du mauvais dans l'un et l'autre camp. — Mais c'est une maxime commode à opposer dans la discussion, et que l'on voudrait bien réussir à faire passer dans les masses à l'état d'axiome. Pour cela, on cherche tous les moyens de rendre palpable cette supériorité imaginaire que certaines gens veulent, à toute force, attribuer à certains établissements.

Or, le concours, avec son apparence d'équité,

est justement un de ces moyens. Pour ma part, je l'approuverais hautement, s'il embrassait *toutes les branches de l'instruction primaire*, car alors son résultat pourrait prouver quelque chose pour ou contre les établissements en rivalité.

Mais, quand on localise le concours, quand on le limite à une seule faculté, les conditions changent. Les écoles congréganistes réservent dans leur programme une part bien plus large au dessin que ne le font les écoles laïques. Là-dessus, je n'ai que le choix des preuves. Constater donc leur supériorité dans cette branche ne serait qu'un fait fort naturel et parfaitement anodin, si l'on ne voulait s'en servir pour conclure à l'infériorité des écoles laïques au point de vue de l'instruction générale. — Par bonheur, j'y vois encore assez clair pour découvrir le fil blanc de cette finesse.

Je n'accuse pas — Dieu m'en garde — la Société des Arts réunis d'avoir eu une telle pensée, et je sais qu'en ouvrant ce concours elle ne pouvait guère l'étendre qu'au dessin. Mon observation a une portée plus générale. — En ce temps troublé où la passion politique et religieuse se glisse partout (Voir dans *l'Indépendant de l'Ouest* les articles de l'honorable M. de Pignerolles; voir surtout la dernière brochure de M. Tresvaux du Fraval, page 18, ligne 17 et suivantes), j'estime que les esprits libéraux doivent se tenir dans une extrême réserve, veiller constamment à la brèche, et ne pas aider niaisement à tresser les lanières dont on les fouetterait plus tard !

J'irai plus loin encore !

Je ne puis admettre comme sérieux un concours fait dans les conditions où je le trouve cette année.

Quelle garantie, quelle authenticité présentent donc ces exhibitions faites sans contrôle et sans surveillance? Qui a le plus travaillé à ces dessins, de l'élève ou du maître? Quelqu'un veut-il me le dire?... Je lui dirai ce que je sais ensuite.

Et d'ailleurs, ne devrait-on pas, dans un concours de cette nature, tenir compte des ressources, des moyens, de l'âge, du temps passé au travail, etc., etc.?

Je me suis laissé dire, l'autre jour, — par un connaisseur encore, — que les dessins envoyés par l'école de Villepail avaient un mérite relativement bien supérieur à celui des écoles médaillées, parce qu'ils sont l'œuvre d'enfants dont on indique l'âge, parce que le maître, qui n'est pas un professeur de dessin et ne dispose que de moyens d'enseignement fort restreints, a néanmoins obtenu des résultats remarquables, et cela, en se maintenant strictement dans l'esprit du règlement, qui n'autorise le dessin que comme un accessoire des études primaires.

... Tu vas, sans doute, me trouver bien rigoureux dans mes appréciations. Que veux-tu, mon ami? Je n'aurais pas ainsi pensé, dès le début, que l'attitude du jury — attitude heureusement modifiée par la suite, — m'aurait suggéré ces mêmes réflexions...

... Voici, en effet, ce qui s'est passé.

L'école des Frères de la doctrine chrétienne a exposé plusieurs plans ou lavis industriels; le lycée de Laval, quelques académies, et l'institution libre de l'Immaculée Conception, quatre sujets divers; deux autres écoles ont aussi envoyé des dessins.

Le bon sens le plus élémentaire commandait le sectionnement d'un concours, qui portait ainsi d'une part sur le dessin linéaire et graphique, et de l'autre sur le dessin d'art proprement dit. Rien de grotesque, n'est-il pas vrai, comme ce tournoi de nouvelle invention où le plan d'une maison de campagne se trouvait appelé à combattre une tête casquée, où une locomotive entrait en lutte directe avec un Antinoüs!!!

Ce côté coquet de la question n'a cependant point effarouché le jury qui, lors de son premier travail, a déclaré le *Crampton* congréganiste seul digne de l'*unique médaille* réservée à ce concours.

Loin de moi la pensée de vouloir diminuer en quoi que ce soit le mérite de l'exposition des bons Frères. Je le reconnais tout le premier, de bon cœur, et c'est justement pourquoi j'ai tant pris part à l'ennui qu'ont dû éprouver ces braves instituteurs lorsqu'on leur a lancé ce pavé.

Je te laisse à juger l'effet produit par un pareil verdict ! Il n'était pas possible de justifier par un fait plus criant les appréhensions que je manifestais tout à l'heure. Cela suait le parti-pris.

Heureusement la nuit porte conseil. Le surlendemain, je crois, l'opinion publique recevait satisfaction. Le jury revenant sur sa décision primitive et sectionnant enfin le concours comme il eût dû le faire tout d'abord, accordait au lycée Laval la médaille que lui avait déjà décernée le jugement de tous les visiteurs sérieux de l'Exposition.

Voilà, mon ami, les faits tels qu'ils se sont passés. Ils portent en eux-mêmes leur enseignement, et c'est pourquoi j'ai tenu à te les faire connaître.

Un homme averti en vaut deux, dit sagement le proverbe : par le temps qui court, il a deux fois raison.

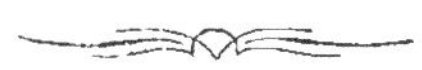

XIII

Mon cher ami,

Je suis en ce moment d'une humeur massacrante. Si je n'étais retenu par l'obligation de terminer la tâche que j'ai entreprise, il y a au moins deux heures que je serais au bois de l'Huisserie en train de cueillir des champignons.

Toutes les calamités semblent s'être fait le mot pour fondre à la fois sur mon fragile individu. Il fait froid, j'ai mal aux dents, ma plume crache, les lettres anonymes continuent à pleuvoir, sans même me donner l'adresse des oreilles de leurs auteurs; c'est aujourd'hui vendredi, cette lettre que je t'écris en ce moment est la treizième (13 !)... tout cela ne contribue pas peu à me plonger dans le marasme.

D'un autre côté, je me fais de la bile.

Imagine-toi qu'en relisant ce que je t'ai

écrit, je retrouve plus de lacunes que de besogne faite. Ma revue me fait l'effet de ces guenilles exclusivement composées de trous, que certains emploient à dissimuler le rôle de leur pouce et de leur index, en temps de rhume de cerveau. De plus, j'y vois fourmiller à cette heure des erreurs que ne m'avait pas même fait entrevoir le microscope de la plus scrupuleuse attention. Je m'en veux d'avoir dit ceci ; je ne me pardonne pas de ne point avoir écrit cela : à dire vrai, je commence à me prendre en grippe.

Je voulais te parler de la sculpture : je ne l'ai pas fait. Je voulais encourager un de nos jeunes compatriotes, M. A. Legrand, lui dire ce que je trouvais de bon dans les œuvres qu'il a exposées, lui en indiquer les côtés faibles, le pousser à l'étude et surtout lui faire sentir cette sympathie si bonne et si utile à ceux qui débutent.... Je ne l'ai pas fait davantage. Bien plus, je ne t'ai pas dit un seul mot des dessins de M. C. de Chalais, sur lesquels je m'étais justement promis de m'étendre pour en faire ressortir les beautés. — Pour comble d'infortune, on vient de me faire remarquer que j'ai omis l'autre jour de faire figurer le nom de M. Louis Segretain dans la liste des membres du jury. Enfin, en jetant les yeux sur la fin de mon dernier article, je m'aperçois que mon imprimeur a mangé mon *post-scriptum* turbinique et m'a fait attribuer à M. d'Abrantès un *épouvantail* sur soie qui n'est autre qu'un simple *éventail.*

La coquille a pour moi des rigueurs sans pareilles.

Tout cela est navrant, mon cher ami, et c'est avec une plume trempée dans l'encrier du désenchantement que je vais terminer mes lettres.

La sculpture n'a pas envoyé de nombreux spécimens à l'Exposition, mais le peu que l'on y remarque est de grande valeur.

Voici d'abord la charmante *Chloé* de M. de Vasselot, achetée par M. A. Velay. Il n'est guère possible, à mon avis, de rendre avec plus de bonheur cette grâce pénétrante de la jeune fille, ce poëme de candeur sur les strophes duquel le baiser voltige, comme le papillon au-dessus d'une rose.

Les *petits Curieux* sont un groupe également fort gracieux. Deux amours épris de ce beau poëme dont je te parlais tout à l'heure, s'efforcent d'en tourner les pages, et sous leurs doigts indiscrets, les draperies écartées en laissent déjà pressentir les merveilles.

La *Fiancée*, n° 538, a obtenu le prix du ministère. C'est un buste en marbre blanc plein de naturel et d'ingénuité sur lequel, si j'avais le temps, je ferais certainement quelques vers. Je verrai plus tard.

En somme l'exposition de M. de Vasselot, admirable à tous égards, a été admirée, et je veux dire par là appréciée du public comme elle devait l'être.

M. Carpeaux, lui, a envoyé deux chefs-d'œuvre : la *Rieuse aux roses*, n° 100, et la *Rieuse aux pampres*, n° 99. Ce sont deux têtes de jeunes filles, je ne dirai pas idéalement belles, mais bien humainement adorables. — Rien de provocant comme leurs regards, rien de charmant comme leurs sourires. M. Carpeaux a su faire parler à l'argile, le langage de l'amour. Ses rieuses vivent, respirent, palpitent ; l'artiste semble avoir renouvelé en le doublant le prodige de Pygmalion animant sa statue !...

Les *Rieuses* ont été achetées par M. A. Morin. Elles, du moins, sont authentiques et portent la signature du maître.

Je n'ai garde d'oublier le *Méphistophélès* de M. Cousseaux-Toussaint dont j'aurais bien désiré voir les efforts récompensés. — Il y a dans son œuvre beaucoup d'étude et de soin. La difficulté ne décourage pas ce jeune artiste dont les progrès attestent chaque jour la valeur. Je ne saurais donc mieux faire que de l'engager à persévérer dans cette voie au bout de laquelle, à un moment donné, il est certain de rencontrer le succès. — Son exposition de pipes est aussi fort remarquable. Les types exposés rivalisent si bien avec ceux que créent à Paris les plus célèbres faiseurs, que les connaisseurs en titre y seraient les premiers trompés.

Près de la porte de sortie, j'ai remarqué un *Christ au voile*, taillé en plein granit par M. Lapierre, un nom prédestiné!... L'exécution en est belle et l'œuvre bien que peu considérable en elle-même, permet cependant d'apprécier le talent du sculpteur. — J'espère et je désire voir à la prochaine Exposition M. Lapierre nous envoyer d'autres spécimens de son savoir-faire.

Ici, mon ami, se termine ma tâche.

Je m'étais proposé de te rendre compte de l'Exposition moderne; c'est fait à cette heure, et il ne me resterait plus qu'à prendre congé de toi, si je ne t'avais promis quelques mots rapides au sujet de l'Exposition rétrospective.

Ce qui s'y trouve de merveilles est en vérité colossal. Le seul classement de ces chefs-d'œuvre nécessitait un travail énorme et un homme versé spécialement dans la science archéologique. M. Henri de la Broise a bien voulu se charger de cette tâche ingrate et s'en est acquitté avec une habileté consciencieuse, qui lui a valu l'unanimité des éloges.

J'aurais cru qu'il se serait trouvé un critique pour s'occuper spécialement de l'Exposition rétrospective et l'analyser en détail. Il paraît que toutes les plumes ont éprouvé en face de ce dur labeur les mêmes appréhensions que la mienne, si bien que le compte-rendu que j'attendais est encore dans les limbes de l'encrier. Je le regrette, car j'aurais aimé à m'instruire.

Il ne m'eût même point été désagréable de voir remettre certaines choses à leur place véritable et porter le flambeau dans les petites ténèbres de la vanité.

J'ai fait avec un peintre deux promenades dans la galerie des tableaux anciens. Quels yeux de lynx ont donc ces artistes! Imagine-toi que là où je ne voyais rien qui fût de nature à provoquer mon attention, mon compagnon découvrait une foule de choses d'une importance souvent capitale.

Ainsi, nous nous sommes arrêtés d'abord devant le *Portrait de Philippe d'Orléans*, régent de France, et appartenant à M. Aug. Morin...

—Voilà, fis-je, un beau tableau, qui fait certainement honneur au goût de son propriétaire... Quel en est l'auteur?...

Sur ce, je feuillète vivement mon catalogue rose et je lis au n° 36 : *Largillière, Nicolas*, né à Paris en 1656, mort en 1746.

— C'est un Largillière, dis-je à mon acolyte.

— Qui vous le prouve?... me rétorqua-t-il brusquement.

— Dame! le catalogue d'abord, et ensuite j'aime à croire qu'avant de l'y faire insérer sous cette rubrique, son possesseur a dû se renseigner d'une manière ultra précise.

— Rien de moins certain, interrompit le peintre. Ce tableau a été acheté à Laval, dans un fort mauvais état, pour la somme de cent francs environ. Il ne porte pas de signature. Il est seulement revêtu de deux cachets, l'un sur la toile (on l'aperçoit extérieurement), l'autre sur le châssis. Ces cachets sont, dit-on, ceux du duc de Beauvilliers, né en 1648, mort en 1714 et par conséquent contemporain de Largillière. Ce duc de Beauvilliers se vit confier, grâce à l'estime qu'il inspirait à Louis XIV, l'éducation des ducs de Bourgogne, d'Anjou (Philippe) et de Berry, et l'on suppose que le portrait en question fut fait par Largillière à l'intention du précepteur des princes. Mais, entre l'hypothèse et la réalité, il y a de l'espace et je m'étonne que l'on tranche d'une façon si présomptueuse une question si peu claire. Que diable! ce n'est pas une raison parce que M. de Beauvilliers était contemporain de Largillière pour que ce dernier soit forcément l'auteur de ce tableau.

— Mais, interrompis-je timidement, il faut cependant qu'il y ait quelque chose de vrai dans tout cela. Son propriétaire en a, assure-t-on, refusé près de quarante mille francs.

— Il a eu grand tort!

— Soit; mais cela semblerait prouver cependant...

— Qu'il n'y a pas beaucoup de connaisseurs en France, n'est-ce pas? Il y a longtemps que cette vérité m'est démontrée. Ce tableau n'est plus à considérer comme une œuvre du maître, parce que fût-il même authentique — ce qui est loin d'être prouvé, — l'immense restauration dont il a été l'objet, les mille et une retouches qui lui ont été faites, lui ont enlevé les trois quarts de sa valeur commerciale.

— Comment, m'écriai-je, ceci est retouché! et où donc et par qui, s'il vous plaît?

— Où?... Partout à peu près. Par qui?... Par M. E. Placé, notre compatriote, qui a, en ce genre, une habileté vraiment fort remarquable, et dont le pinceau restaurateur s'est promené du haut en bas de cette toile. La partie droite a été *entièrement* refaite ainsi que le ciel; la majeure partie de la cuirasse, une portion de la tête et le casque sont également remis à neuf. C'est un bilan respectable! et si ce tableau doit faire en ce moment honneur à quelqu'un, c'est à coup sûr à l'artiste qui l'a fait revivre et en pourrait au moins signer les quatre cinquièmes.

— En vérité, fis-je, je ne l'aurais jamais supposé et vous me surprenez étrangement. Je croyais à ce Largillière comme au jugement dernier, et vous ébranlez ma foi dans ses bases.

— C'est comme le n° 39, repartit mon peintre, c'est autant un Jean-Marc Nattier que l'autre est un Largillière. Je l'ai vue dans le temps, cette tête de femme, chez M. Sigoigne, rue du Pont-de-Mayenne, à Laval. Elle était dans un état déplorable et a été vendue 50 ou 60 francs, si j'ai bonne mémoire. Pas l'ombre d'une signature! M. Placé a refait la draperie en entier, retouché les épaules, la tête, et, pour mieux dire, ressuscité cette belle peinture tout comme il l'avait fait pour le Régent. Maintenant, pour la montre et l'éblouissement de la galerie on intitule cela un Nattier. Mon Dieu! je ne m'y oppose pas, mais j'use du droit que j'ai d'en sourire. Même observation pour *la Chasse* attribuée à Oudry. — M. Placé a encore fourragé dans cette meute avec cette double préoccupation de restaurer l'œuvre elle-même et d'en faire disparaître surtout les naïves retouches qu'y avait tentées d'abord son propriétaire... (!)

— Voilà, Monsieur, ajouta mon compagnon, comment avec beaucoup d'aplomb et peu d'argent on peut se composer un petit Musée de grands maîtres! Quant à moi, je ne saurais digérer ces soufflets donnés à la vérité, et à l'occasion, je proteste volontiers contre ces petits attentats de l'orgueil. Les millions ne m'en imposent guère, et si je faisais des vers latins, je ne commettrais jamais le pendant de celui de Juvénal :

.... nos
Te facimus fortuna, deam, cœlo que locamus.

Vous me paraissez pousser bien loin l'amour du vrai, lui dis-je .... Et comme cet homme foulait aux pieds, une à une, mes croyances les plus sacrées, je le quittai pour aller visiter la vitrine de M. Bourgneuf.

L'on ne m'ôterait pas de l'idée qu'il avait je ne sais quelle rancune contre l'heureux possesseur de ces merveilles. N'importe, il a eu beau dire, je continue à m'extasier comme par le passé.

.. Et cependant, je l'avoue tout bas... je ne me sens plus aussi solide qu'autrefois.

La vitrine exposée par M. Bourgneuf contient des miniatures et des émaux exquis, des pièces de monnaie rares, des joyaux précieux et surtout, des topazes d'une grosseur peu commune. Rien qu'à voir cet étincelant assemblage d'objets de prix, l'on devine l'homme, je ne dirai pas seulement amateur, mais encore amoureux des belles choses — M. Bourgneuf les recherche avec l'ardeur que met le gambusino à découvrir les placers. Il les sauve parfois du naufrage des ventes, du creuset implacable du fondeur et les classe avec beaucoup d'entente et de discernement.

J'ajouterai pour terminer que M. Bourgneuf joint à ce flair instinctif qui caractérise le véritable collectionneur, une modestie et une affabilité qui n'ont d'égales que l'orgueil et la morgue de certains de ses collègues.

J'en arrive enfin à l'*Exposition préhistorique* de Thorigné-en-Charnie. Je t'avoue, mon ami, que malgré mes efforts, je ne trouve pas dans notre langue un seul adjectif capable de qualifier comme il faut l'effarement qu'elle m'a causé d'abord, ensuite et même après !

Figure-toi que tu sois allé nuitamment dérober des pierres sur les routes et des cailloux dans la rivière, que tu aies ensuite dépensé dix-sept francs cinquante pour faire confectionner quelques vitrines, que tu y aies aligné ton macadam et qu'enfin tu aies semé çà et là des étiquettes portant des noms comme : *nucléi, percuteurs, molettes, perçoirs, bijoux, grattoirs, frondes, etc.*, tu n'auras encore qu'une idée insuffisante de l'exposition de Thorigné.

J'admets parfaitement l'archéologie si accentuée qu'elle soit, mais, quand elle excède les bornes du sérieux et se lance dans le steeple-chase de la fantaisie, je n'y tiens plus et je me désopile sans scrupule ! je voudrais que tu eusses vu comme moi ces innocents silex sur lesquels veille assidûment un farouche gardien dont la casquette porte brodé en jaune, le mot sacramentel : Exposition. Ce brave cerbère, a toujours l'air de redouter qu'on ne lui vole ses pierres. Hélas ! il faudrait avoir le briquet bien dégarni pour commettre cette méchante action et je trouve que ces cailloux savants font une diversion trop joyeuse dans l'Exposition, pour songer à les en faire disparaître frauduleusement.

Il s'y rencontre un nombre assez considérable de *percuteurs*. Tu ne sais seulement pas ce que c'est qu'un percuteur, profane que tu es !... C'est tout bonnement un instrument avec lequel on percute. Or, il est avéré que l'homme primitif percutait, mon ami. Le besoin s'en faisait sentir dès l'origine du monde.

Depuis, tous les peuples ont percuté plus ou moins et nous-mêmes, nous percutons actuellement de notre mieux.

De plus, il y a des *grattoirs* de différentes formes.

Le grattoir est un instrument qui sert à gratter exactement comme le percuteur sert à percuter. L'homme primitif se grattait donc, mon ami, et la diversité des modèles exposés s'explique aisément par l'usage auquel on les affectait. On prenait de préférence tel ou tel outil, selon que l'insecte était logé dans tel ou tel quartier !..

J'ai vu aussi des *couteaux* qui me donnaient envie de repasser.... de l'autre côté. J'ai même remarqué des *molettes à triturer* qui m'ont enfoncé un gros point d'interrogation dans le cœur. On triturait à ce qu'il paraît, dès ce temps-là.... de là à démontrer l'existence d'un apothicaire préhistorique, il n'y a qu'un pas... et je ne doute pas qu'il ne soit prochainement franchi.

Les instruments de tatouage, de chirurgie, les nuclei, les perçoirs, les ciseaux, les burins, etc., tout cet attirail antédiluvien m'a paru ressembler comme deux gouttes d'eau aux graviers du jardin des Tuileries ou du Luxembourg qui renferme un nombre illimité de semblables spécimens.

Quant au triangle symbolique, je ne m'attendais pas à moins de la part des francs-maçons... Ils avaient déjà fourré leur nez par là, les intrigants !... Allez donc après cela vous étonner du déluge !

En fait d'armes, Thorigné-en-Charnie a envoyé des *frondes*, des *pointes de lances*, des *haches archéolithiques*, des *haches néolithiques*, des *haches casse tête* (oh oui !) des *haches polies* (je fais tout mon possible pour l'être !) et même une *hache en formation* qui a conquis mes sympathies.

Comprends-tu, mon ami, tout ce qu'a de spécial cette dénomination : *Hache en formation* ?... Cette hache se formait mystérieusement dans la terre, petit à petit. Chaque jour grossissait sa tête, amincissait son tranchant. Quel dommage de l'avoir sitôt déterrée, quelques jours encore, et on l'eût peut-être exhumée complète !... que dis-je, elle eût été sans doute ornée de son sapeur ! ô archéologie préhystérique, voilà bien de tes coups !.

.... Je m'arrête, mon cher ami. — J'ai fini ma revue et l'on m'appelle pour souper. Dimanche aura lieu la distribution des récompenses. Je t'en dirai deux mots seulement et je remettrai définitivement alors ma plume au fourreau.

XIV.

Mon cher ami,

Je sors à l'instant des Galeries de l'Industrie où vient d'avoir lieu la distribution des récompenses, et je me hâte de te dire que cette brillante cérémonie s'est effectuée sans incident bien notable. Quand je dis brillante, j'outrepasse peut-être un peu ma pensée. Cela a plutôt été une fête de famille qu'autre chose. — Point d'appareil imposant, point de fanfares retentissantes, à peine un ou deux habits noirs sur l'estrade. On se sentait complétement à l'aise. M. le président d'Evry a, dans un discours succinct, mais fort clair, exposé les résultats obtenus cette année par cette Société des Arts réunis qu'il dirige avec autant de zèle que de talent.

Il a fait appel au concours bienveillant de tout le monde, et je désire profondément que cet appel soit entendu de toutes parts. Je le désire d'autant plus qu'il y a, paraît-il, un certain nombre de personnes non-seulement hostiles à notre Société des Arts réunis, mais encore disposées à l'entraver autant que possible dans sa marche. Si le fait existe, je ne puis que le déplorer profondément. J'ai l'honneur, tu le sais, de faire partie de la Société à titre de membre fondateur. Inutile de te dire que c'est une inscription prise à perpétuité. De plus, si j'ai donné aux lettres que je t'ai écrites la publicité du journal, je ne l'ai fait que dans le but d'attirer sur l'Exposition l'attention d'un public dont la froideur est et sera toujours le plus grand obstacle à vaincre. Mon intention formelle, en entreprenant mon voyage à travers la peinture, a donc été d'être — dans la mesure de mes forces — *utile* à la Société des Arts réunis, en faisant du bruit autour de son œuvre.

Eh bien! croirais-tu, mon ami, qu'il s'est cependant trouvé des gens assez intelligents pour prétendre que j'ai voulu jeter sur elle un « *vernis de ridicule* », selon la magnifique expression de mon illustre compatriote M. Auguste Morin ?

C'est niais et méchant tout à la fois, mais c'est ainsi.

On a tourné et retourné mes plaisanteries dans tous les sens, et l'on a fini par en tirer cette conséquence rigoureuse que j'étais un profond scélérat. A la bonne heure !... Si cela était possible, je donnerais beaucoup pour connaître les ingénieux syllogismes qui ont enfanté cette conclusion flatteuse.

On m'a reproché aussi — et ce reproche est mieux fondé — d'avoir, à propos du concours des écoles, soulevé une question aussi grave qu'intempestive. Grave, je l'accorde; intempestive, nenni! Je n'ai point la prétention de régenter qui ni quoi que ce soit, mais j'ai celle d'avoir des yeux et de m'en servir au besoin.

Quant à avoir jamais suspecté la sincérité des appréciations du jury ainsi que leur indépendance, j'avoue que telle n'a jamais été mon intention. Si donc, sous ce rapport, mon expression a quelque part dépassé ma pensée — ce dont je n'ai pas souvenance — cela a été complétement à mon insu, et l'on ne saurait sans parti-pris me l'imputer à crime.

Cela dit, je poursuis. — Après le discours de M. d'Evry, M. A. Velay, secrétaire de la commission, a donné lecture du procès-verbal des travaux du jury d'examen et nommé les lauréats. Parmi ces heureux vainqueurs, deux seulement sont venus chercher les médailles qu'ils avaient si noblement méritées. Ce sont : Mlle Salançon, la gracieuse donatrice de l'*Alsacienne* au musée de Laval, et M. Aumas, l'auteur de ce projet de musée qui a remporté le prix au concours d'architecture.

L'on a ensuite procédé à la loterie. Il s'est produit dans cette opération, parfaitement régulière, du reste, je me hâte de le dire, des incidents qui ont heureusement égayé la gravité de la séance. Il faut croire que la personne qui avait confectionné les numéros du tirage ne chiffre pas d'une façon irréprochable, car ces billets ont donné lieu à des contestations réitérées. — Etait-ce un 6 ou un 9 ?

Scinditur incertum studia in contraria vulgus !

Pour plus de sûreté, on finissait par dire : Numéro 698 ou 869 au choix, selon que l'on tenait le papier dans un sens ou dans l'autre !...

J'ai connu des personnes que ces fluctuations de la fortune mettaient dans des transes inimaginables et qui, croyant tout à coup décrocher la timbale, n'en retombaient que plus piteusement au pied du mât de Cocagne de la réalité !

Je me souviens aussi d'un incident assez drôle qui s'est produit comme on appelait les noms des gagnants.

M. le comte, dit-on tout à coup... — Puis, après un silence on ajoute :.... de Paris. — Tableau !

Comment, s'est écrié près de moi, un vieux 1830, M. le comte de Paris a pris des billets à la loterie ?... Quel noble exemple ! Que l'on vienne encore dire après cela que les d'Orléans ne s'intéressent point à tout ce qui peut contribuer à la prospérité comme à la grandeur de la France !...

J'ai joui pendant plus de dix minutes de ce lyrisme constitutionnel !

Le tirage terminé, M. le préfet de la Mayenne qui honorait la solennité de sa présence a bien voulu prononcer un discours que j'ai eu le regret de ne pas saisir en entier, mais que j'espère trouver prochainement dans les journaux ; après quoi, Monsieur le président a levé la séance.

Maintenant, mon cher ami, je prends congé de toi jusqu'au jour où la Société des Arts réunis nous ouvrira les portes de sa troisième Exposition. A ce moment, si comme cette année tu ne peux quitter la campagne et venir passer quelques jours près de nous, je reprendrai mon rôle de chroniqueur et te ferai part de mes impressions aussi franchement que je l'ai fait jusqu'ici, sans me soucier davantage des diatribes dont je puis être l'objet.

www.ingramcontent.com/pod-product-compliance
Ingram Content Group UK Ltd.
Pitfield, Milton Keynes, MK11 3LW, UK
UKHW020252250726
13967UKWH00004B/1632